एक सुपर
Hero
की शानदार कहानी

एक सुपर Hero की शानदार कहानी

प्रिया कुमार

भूमिका

राम चरण

प्रभात पेपरबैक्स
प्रभात प्रकाशन
ISO 9001 : 2008 प्रकाशक का उद्यम
www.prabhatbooks.com

प्रकाशक

प्रभात पेपरबैक्स

4/19 आसफ अली रोड, नई दिल्ली-110002

फोन : 23289555 • 23289666 • 23289777 ❖ फैक्स : 23253233

इ-मेल : prabhatbooks@gmail.com ❖ वेब ठिकाना : www.prabhatbooks.com

संस्करण

प्रथम, 2015

अनुवाद

महेंद्र नारायण सिंह यादव

मूल्य

एक सौ पच्चीस रुपए

अ.मा.पु.स. 978-93-5186-199-7

मुद्रक

आर-टेक ऑफसेट प्रिंटर्स, दिल्ली

———— ★ ————

EK SUPER HERO KI SHANDAR KAHANI
by Priya Kumar

Rs. 125.00

Published by **Prabhat Paperbacks** (A Division of Prabhat Prakashan)
4/19 Asaf Ali Road, New Delhi-2
by arrangement with Penguin Books India

ISBN 978-93-5186-199-7

आभार

पंकज, चारू, आदित्य और अभिषेक को धन्यवाद

मैं इस पुस्तक का आरंभ ओमप्रकाश मुंजाल के बेटे और ओ.पी. मुंजाल समूह के सह-अध्यक्ष पंकज मुंजाल को धन्यवाद दिए बिना नहीं कर सकती। वे ऐसे व्यावसायिक दिग्गज हैं, जिन्होंने हीरो साइकिल्स को विश्व मंच पर पहुँचाया है। हालाँकि अब उनके पास निर्विवाद सफलता है, लेकिन उनके पिता और उनकी विरासत गौरव का महानतम स्रोत हैं।

अपनी व्यस्त दिनचर्या और अनगिनत जिम्मेदारियों के बावजूद पंकज ने मुझे समय दिया, मुझे आदर दिया।

जब कोई लेखक किसी के पिता के बारे में लिखने के लिए उसके बेटे का द्वार खटखटाता है तो उसका मतलब वह उसके परिवार में आने की अनुमति चाहता है। इसका अर्थ उस सच्चाई से रूबरू होना होता है, जिससे लोग कई बार इनकार करना चाहते हैं। इसका अर्थ लेखक को एक ऐसी पूरी कहानी लिखने के लिए समय और शक्ति देना होता है, जिसके कई रूप और प्रकार हो सकते हैं, क्योंकि इसके कई पात्र होते हैं। हालाँकि उनके पिता मशहूर होने की परवाह नहीं करते हैं, लेकिन पंकज ने मेरे उत्साह को बनाए रखने में मदद की और सहयोग का प्रस्ताव किया। किसी से और क्या अपेक्षा की जा सकती है?

हीरो साइकिल्स और अपने परिवार के जीवन की यात्रा करने देने के लिए मैं पंकज की आभारी हूँ। उनके सहयोग से ही यह पुस्तक संभव हो सकी है। मैं चारू को धन्यवाद देना चाहती हूँ, जो कि उस परिवार की आत्मा है और जिन्होंने मुझे परिवार के बारे में बहुमूल्य जानकारी दी तथा पुस्तक लेखन के दौरान अपनी राय से भी अवगत कराती रहीं।

इस पुस्तक को लिखने का मूल विचार आदित्य और अभिषेक का था, जो अपने दादाजी को पूजते हैं। वे ही इस पुस्तक की रचना के सूत्रधार हैं।

लेखकीय कथन

अपनी किशोरावस्था, जब से मैंने लेखिका बनने का निश्चय किया था, से ही मेरी इच्छा ऐसे व्यक्तित्व के बारे में लिखने की थी, जो मेरी निगाह में ऐसा अनुकरणीय हो, जिसे मूल्यों और सफलता के लिए राष्ट्रीय और अंतरराष्ट्रीय स्तर पर उदाहरण के रूप में पेश कर सकूँ। हालाँकि इस तरह के अनेक व्यक्तित्व हमारे देश और हमारी दुनिया में हैं, जिनके बारे में काफी कुछ कहा जा सकता है, लेकिन मैं किसी ऐसे को चुनना चाहती थी, जिसके बारे में पहले न कहा गया हो। ऐसे में हीरो साइकिल्स के चेयरमैन ओ.पी. मुंजाल का नाम ध्यान में आना एक जैकपॉट खुलने जैसा रहा।

उनकी यह बात मुझे अच्छी लगी कि वे अपने बारे में लिखे जाने की परवाह नहीं करते थे, उन्हें इसमें कोई दिलचस्पी नहीं थी कि लोग उन्हें जानें। जब मैंने इंटरनेट देखा और उनके बारे में बहुत ही कम जानकारी उस पर पाई तो मैं बहुत प्रफुल्लित हुई। यही तो मैं चाहती थी कि उनके और दुनिया के बीच मध्यस्थ बनूँ। मैं उन्हें परदे के पीछे से खींचकर मंच पर लाना चाहती थी।

इस किताब में मैंने इस बात पर ज्यादा ध्यान केंद्रित नहीं किया है कि हीरो साइकिल का कारोबार कैसे खड़ा हुआ, बल्कि उस पर ध्यान लगाया है कि किन मूल्यों के बल पर यह कारोबार खड़ा हुआ। मेरा मानना है कि मूल्यों से ही साम्राज्य बनते हैं। मेरा मानना है कि मूल्य ही स्थायी सफलता के अभिन्न अंग होते हैं। कैसे और क्या, जैसे सवाल तब आते हैं, जब किसी के मूल्य अपनी जगह पर होते हैं। हम सब जानते हैं कि इसे कैसे करना है, हम सब जानते हैं कि हमें क्या करना चाहिए, लेकिन गुम हुए मूल्यों के क्रम को लेकर बड़ा भ्रम फैला हुआ है। हीरो का प्रेरक सफर में उन संस्थापक सिद्धांतों को प्रकाश में लाया गया है, जिनके होने पर और जिनके अमल में लाने से सफलता की राह खुलती है, फिर चाहे आप

किसी भी कारोबार में हों।

मेरे लिए गर्व की बात यह सामने आई कि बहुत अच्छे इनसान और उत्कृष्ट व्यवसायी होने के अलावा, ओ.पी. मुंजाल ने एक ऐसा साम्राज्य कायम किया, जिसने न केवल पंजाब प्रांत के आर्थिक ढाँचे को बदल दिया, बल्कि हीरो साइकिल्स को दुनिया की सबसे बड़ी साइकिल निर्माता कंपनी बना दिया। हीरो साइकिल्स पंजाब का आधार स्तंभ है, जिसकी राज्य में साइकिल उद्योग में भागीदारी 90 प्रतिशत है। इस कंपनी ने न केवल लोगों को प्रत्यक्ष रोजगार दिया है, बल्कि 300 से ज्यादा सहायक सप्लाई इकाइयाँ भी तैयार कीं जिनसे करीब 15,000 लोगों को अप्रत्यक्ष रोजगार भी मिला। कर के जरिए राज्य सरकार के कोष को लाभ पहुँचाने के अलावा ओ.पी. मुंजाल के नेतृत्व में हीरो साइकिल्स ने एक मजबूत सप्लाई चेन का विकास किया, जिसका केंद्र पंजाब में बनाया। मौजूदा तीव्र विकास दर (पंजाब के कुल निर्यात का 8 प्रतिशत) दर्ज करते हुए पंजाब से 15 लाख साइकिलों के निर्यात के साथ, इस कंपनी का हिस्सा कुल उत्पादन में 21 प्रतिशत है और औद्योगिक रोजगार में इसकी हिस्सेदारी 25 प्रतिशत से ज्यादा है।

ओ.पी. मुंजाल ने यह कैसे कर दिखाया? ऐसी विश्वस्तरीय कंपनी उन्होंने कैसे बनाई, जिसका नाम दुनिया की सर्वाधिक उत्पादनवाली साइकिल कंपनी के रूप में गिनीज बुक ऑफ वर्ल्ड रिकॉर्ड्स में दर्ज हुआ? हीरो साइकिल्स की रचना करनेवाले संस्थापक सिद्धांतों और मूल्यों पर ध्यान केंद्रित करके मैंने इस प्रश्न का उत्तर देने की कोशिश की है। इसके बिना इतिहास कुछ अलग ही होता।

मूल्यों के बिना प्रयास टिक नहीं पाते। सिद्धांतहीन कार्यों के नतीजे बहुत अल्पकालिक होते हैं और भविष्य में उनका पतन निश्चित होता है। मैं यह जरूर बताना चाहती हूँ कि इस पुस्तक लेखन के अपने इस कार्य से सबसे अधिक लाभ मुझे ही हुआ है। ओ.पी. मुंजाल के वास्तविक स्वरूप को जानने के लिए आपको उनसे मिलना पड़ेगा। कई महीनों तक उन्हें जानने का अवसर मिलने के बाद मैं उनसे प्रभावित हुई, प्रेरित हुई, और सबसे अहम, उनका आशीर्वाद मुझे मिला। वे सफलता को पूरी तरह से एक समग्र अलग स्तर पर लेते हैं; वे सफलता को आध्यात्मिक रूप से लेते हैं। ओ.पी. मुंजाल के दर्शन में कारोबार करने के तरीके को फिर से परिभाषित करने की क्षमता है, क्योंकि वे अपने सहयोगियों, ग्राहकों और कर्मचारियों के साथ स्नेह, उत्साह और अविरत संरक्षण का भाव रखते हैं। ओ.पी. मुंजाल काम और काम के बाद के जीवन में संतुलन रखते हैं; वे न्याय और मूल्यों के समर्थक हैं; वे संकल्प और समर्पण के समर्थक हैं; वे सेवा के समर्थक

हैं; और वे अपने उद्देश्य के प्रति ईमानदार हैं।

इस पुस्तक को लिखते समय मैंने अनेक जगह तटस्थ रहने की कोशिश की और उसमें नाकाम रही, मैंने ओ.पी. मुंजाल और उनके मूल्यों के लिए जिन विशेषणों का इस्तेमाल किया, संपादक को उनके लिए सर्वोत्तम विशेषण लगातार चुनने पड़े। मुझे इस पुस्तक के दो संस्करण लिखने पड़े, एक प्रशंसक के रूप में, जो श्री ओ.पी. मुंजाल से बहुत गहराई से प्रेरित थी, और दूसरा एक लेखिका के रूप में। जब मेरे मित्रों ने पहला संस्करण पढ़ा तो सबकी एक ही टिप्पणी थी, क्या सचमुच यह इनसान है? इसमें सबकुछ इतना अच्छा लिखा है, जो सच नहीं हो सकता! और जब मेरे संपादक ने मुझसे अधिक तटस्थ होने को कहा, तो फिर यह किताब बनी। प्रशंसक संस्करण मेरी आलमारी की शोभा बढ़ा रहा है, जिसमें सबकुछ इतना अच्छा लिखा है, जो सच नहीं हो सकता।

मैं यह पुस्तक हीरो, ओ.पी. मुंजाल को समर्पित करती हूँ।

अपनी दुनिया में आने देने के लिए आपको बहुत-बहुत धन्यवाद, सर।

प्रियंका मल्होत्रा
इस पुस्तक की प्रेरणा

ओ.पी. मुंजाल की सबसे छोटी बेटी प्रियंका मल्होत्रा इस पुस्तक की आत्मा हैं। मैं ऐसे लेखकों को जानती हूँ, जो अंतिम साँस तक हठ करते रहते हैं और कई बार इतने पर भी वे उस कहानी तक नहीं पहुँच पाते, जिसे सुनने की जरूरत दुनिया को होती है। अनेक अच्छे लोगों, अनेक आनंददायी कहानियों, अनेक प्रेरक व्यक्तित्वों की कड़ाई से निगरानी की जाती है और उन तक कलाकारों की कलम को पहुँचने से रोका जाता है। जितनी बार गुणों को अज्ञात रखने के लिए दीवार मोटी की जाती है, उतनी ही बार दुनिया हताश होती है। मैं प्रियंका की आभारी हूँ कि उन्होंने मुझे वह संपर्क बनाने का अवसर दिया। प्रियंका से अधिक दयालु व्यक्ति मुझे आज तक नहीं मिला। हालाँकि उनका जन्म एक समृद्ध परिवार में हुआ, लेकिन वे अपने सामाजिक सेवा संगठन 'निपमान फाउंडेशन' के जरिए जरूरतमंदों की भलाई के लिए रोजाना काम करती हैं। प्रियंका दूसरों की सहायता के हर अवसर का लाभ उठाती हैं और दैनिक आधार पर ऐसे कार्यों में अपना समय, धन और शक्ति लगाती हैं।

प्रियंका न होतीं, तो यह किताब संभव ही नहीं हो पाती। वे इसमें 100 प्रतिशत जुड़ी रहीं और उन्होंने सुनिश्चित किया कि मेरी बात सही लोगों से हो सके। उन्होंने मेरे साथ यात्रा की और मुझे उन लोगों के पास ले गईं, जिनके बारे में उन्हें लगता था कि वे सामग्री की गुणवत्ता बढ़ा सकते थे। उन्होंने मुझे आगे बढ़ने और अपना रास्ता खोजने का मौका ही नहीं दिया, बल्कि पूरी यात्रा में वे साथ रहीं। जब किसी को लगता है कि बेटी में पिता के लिए इतना समर्पण और प्रशंसा का भाव है तो यह अपने आप में मूल्यों और लालन-पालन के स्तर का

बखान करता है। इससे ओ.पी. मुंजाल के बारे में दुनिया को बताने का मेरा विश्वास और दृढ़ हो गया।

प्रियंका तुम बहुत अच्छी हो, बहुत-बहुत धन्यवाद। तुम्हारे जैसे लोगों के रहते यह दुनिया नेक हाथों में है।

विशेष आभार

यह पुस्तक अशोक बावा, जी.डी. कपूर, एस.के. राय और अभिषेक कनोई के अनवरत सहयोग और उनकी त्वरित सहायता के बिना संभव नहीं हो पाती। ओ.पी. मुंजाल के नाती-पोतों को भी मेरा हार्दिक धन्यवाद, जिनके उत्साह और अभिरुचि ने इस पुस्तक में सहयोग दिया।

संपादन में सहायता के लिए निपुण को और प्रूफरीडिंग के लिए रुचिका को भी मैं विशेष धन्यवाद देना चाहती हूँ।

सभी बेटियों—नीरू, नीता और पूनम—को समय और प्यार देने के लिए बहुत-बहुत धन्यवाद। प्रवीण मल्होत्रा, सुनील मुंजाल, रेणुका मुंजाल, सुरेश मुंजाल, संजीव सोनी, आरती शर्मा, इशा दीवान, श्री पाहवा, डॉ. बावा, डॉ. बॉबी बिंद्रा, बलदेव राज, अमृत नागपाल, भरत सोनी, गीता आनंद, श्री गोयनका, जंगबहादुर, कैलाश कुमार गोयनका, श्री खन्ना, खुशविंदर सिंह, कुणाल सोनी, माणिक मल्होत्रा, सुरेश खन्ना, नरि हीरा, पद्‍म कुमार, परमेंद्र चौधरी, राजेंद्र सेठ, राकेश जौहर, रामसरन अग्रवाल, आर.सी. रस्तोगी, एस.के. मेहता, एस.के. भंडारी, संजीव पाहवा, सतपाल, श्रद्धा मानेकतला, सिद्धांत सेठ, कणिका सोनी, सुशील वोहरा, वरुण कुमार, विभव सोनी, वी.आर. बादाम, हसमुख और प्रकाश शेलते, वरुण खन्ना, अरुण सुरपाल, अनिल सुरपाल, एस.पी. खोसला, के.बी. सूरी, श्री मेहता और उन लोगों का भी विशेष धन्यवाद, जिन्होंने इस पुस्तक में योगदान दिया। आपने इस पुस्तक को संभव बनाने में जो समय दिया, उसके लिए धन्यवाद।

भूमिका

किसी व्यापार को करीब से देखने, समझने और बोर्डरूम की गतिविधियों को महसूस करने तथा यह देखने के लिए उन्होंने किस तरह से कार्यशाला और फॉरवर्ड तथा बैकवर्ड वैल्यू चेन तैयार किए हैं, तीन दशक बहुत लंबा समय होता है। मैंने बहुत प्रकार की प्रबंधन शैलियाँ, कार्य संस्कृतियाँ देखी हैं। अनेक दिग्गजों के पतन और बहुत छोटे लोगों के शिखर तक पहुँचने जैसी अनेक सफलता-असफलता की कहानियाँ देखी हैं।

हालाँकि संभावनाओं के इस व्यापक संसार में कुछेक आश्चर्य भी मिलते हैं। यह किसी की सफलता की गाथा का अवमूल्यन नहीं, बल्कि इस बात की पुष्टि मात्र है कि जब कॉरपोरेशन की बात आती है, तो भी सफलता का मूल रास्ता आवश्यक रूप से इन्हीं तत्त्वों पर आधारित होता है—कठोर परिश्रम, चतुराई और सही समय पर उठाए गए कदम, कर्मठता और उसे सफलता घोषित करने के लिए बड़ी भारी पूँजी।

यही कारण है कि मैं इस किताब की भूमिका लिख रहा हूँ। क्या कोई उद्योग सही रूप में शेयरहोल्डरों के धन को अधिकतम करने के अपने मूल उद्देश्य को रूपांतरित कर सकता है? इतना ही नहीं, बल्कि यह भी कि क्या कोई व्यावसायिक उद्यम इस आधार पर भी चल सकता है कि वित्तीय सफलता उसका सह-उत्पाद भर हो, अंतिम लक्ष्य नहीं? यह सच में हो सकता है।

जब आप देखते हैं कि दोपहिया साइकिल का कारोबार शुरू करनेवाला कोई घराना तीन दशकों में दुनिया का नंबर एक बन जाता है, और फिर मोटरसाइकिल का कारोबार शुरू करके उसमें भी नंबर एक हो जाता है, तो आप उलझन में पड़ जाते हैं। यह उलझन उत्सुकता में बदल जाती है, जिसके बाद मैं पंकज मुंजाल से उस कारोबार के बारे में बात करता हूँ, जिसकी कमान सीधे उन्हीं के हाथ में है।

इस प्रकार मुझे हीरो साइकिल्स और उसके पीछे के व्यक्ति—ओ.पी. मुंजाल के बारे में जानने का मौका मिला।

विश्व की सबसे बड़ी एकीकृत दोपहिया साइकिल निर्माता कंपनी ही वह मातृ कंपनी है, जिसने हीरो होंडा को जन्म दिया, जो कि दुनिया की सबसे बड़ी मोटरसाइकिल निर्माता कंपनी है और हीरो ग्रुप के कई अन्य उपक्रम भी मुंजाल परिवार की अगली पीढ़ी द्वारा भारी सफलता के साथ चलाए जा रहे हैं। सत्तावन साल पुराना यह उद्योग चार भाइयों के साहस और अध्यवसाय की कहानी है, जिन्होंने साइकिल के कलपुर्जों का छोटा सा कारोबार शुरू किया था और दो बार अपनी जड़ों से विस्थापित होने के बाद उन्होंने फिर से शुरुआत की और अतुलनीय सफलता हासिल की।

इस उपक्रम की रचना के पीछे के मूल्यों के बारे में लिखी गई इस किताब से कई रोचक द्रष्टांत बताए जा सकते हैं। मैंने जो जानकारी जुटाई, उसका संक्षिप्त हिस्सा मैं आपकी उत्सुकता को सुलगाने के लिए आपके सामने रखूँगा—कंपनी के प्रमोटर ने अधिक कर दे सकने योग्य बनने के लिए उचित और वैध कर नियोजन करने से इनकार कर दिया था। ओ.पी. मुंजाल के जीवन के सबक और संगठनों की कार्यशैलियों के बारे में हीरो ने मेरी जानकारी को नए आयाम दिए—आप ऐसा उपक्रम स्थापित कर सकते हैं, जिसका मकसद शेयरहोल्डर के मूल्य को अधिकतम करने के बजाय अधिक समग्र हो और यह सचमुच आपको अधिक बड़े लाभ देने में मदद कर सकता है।

इस पुस्तक में आपको ओ.पी. मुंजाल के जीवन के बारे में सारगर्भित-संक्षिप्त जानकारी मिलेगी, जिसे वास्तव में जुटाना बहुत कठिन है, क्योंकि उनके पास कई पीढ़ियों तक फैला हुआ व्यापारिक माहौलों और यहाँ तक कि राष्ट्र निर्माण और विभाजन जैसे व्यापक क्षेत्रों का अनुभव है। इसमें ऐसे इनसान की कहानी बताई गई है, जो रिश्तों की कद्र करता है और उनमें जीता है, उसके लिए ये सब सबसे महत्त्वपूर्ण हैं और वे इसकी परवाह नहीं करते कि उनसे उसे कुछ अर्जित हो या कुछ मुनाफा हो और जो ईश्वर से वरदानस्वरूप मिले जीवन के उपहारों को सँजोकर रखता है—जीवन भर चलनेवाले रिश्ते, सद्भावना, प्रयासों के प्रति आभार और हर क्षेत्र से सराहना, उन क्षेत्रों से भी, जिनसे वे अपेक्षा नहीं करते।

मैंने पाया है कि जब आप किसी काम को पूरी सत्यनिष्ठा से करते हैं, तो थोड़े समय के लिए भले ही असफलता मिले या फल मिलने में देर हो जाए, लेकिन इससे आपके मूल सिद्धांतों को इतनी शक्ति मिलती है कि आपकी अंतिम

सफलता एक अपरिहार्य सत्य के रूप में स्थापित हो जाती है। ओ.पी. मुंजाल अपने उद्योग को एक वृक्ष के रूप में चलाते हैं, जो एक तरह से दूसरों को छाया, फल, ऑक्सीजन और लकड़ियाँ देते हैं, अपेक्षा बहुत कम करते हैं, जमीन से मजबूती से जुड़े होते हैं, बाढ़ के दौरान भी अपनी जगह जमे रहते हैं और आखिरकार अनेक पक्षियों के लिए आश्रय-स्थल बनते हैं। जिस तरह से किसी पेड़ की अकेली शाखा कई तरह के भलाई के कार्य करती है, उसी तरह से ओ.पी. मुंजाल अपने परिजनों, सहयोगियों, मित्रों और अजनबियों—सभी का समान रूप से पालन-पोषण करते हैं और वे आशा, भलाई, संकल्प और प्रेरणा के व्यापक रूप से सम्मानित पुंज बने हुए हैं।

इस जीवनी में आपको मात्र पठन सुख नहीं मिलता है, बल्कि इसमें एक व्यक्ति की बचपन से लेकर वृद्धावस्था तक की जीवन भर की यात्रा से साक्षात्कार होता है, जिसे वे अनेक लोग बयान करते हैं, जिनके जीवन को उन्होंने छुआ है। इसमें आपको उन मूल्यों से रूबरू कराया जाएगा, जिनके बारे में आपको लगता होगा कि वे लुप्त हो चुके हैं, जिनके बारे में आपने कभी सोचा तक नहीं होगा कि वे किसी को सफल कारोबारी बना सकते हैं, जो पीढ़ियों के बाद भी उतने ही या शायद उससे भी ज्यादा प्रासंगिक हैं।

प्रिया कुमार को इसके लिए पूरे नंबर दिए जाने चाहिए कि उन्होंने लेखन का ऐसा अद्‌भुत कार्य किया है, जो किसी जीवन-वृत्तांत से कहीं अधिक उपयोगी है। यह ऐसी मार्गदर्शिका भी है, जो आपके अंदर आश्चर्य और विस्मय का भाव भर देगी। प्रिया ने अपनी बेजोड़ शैली में शोध, तथ्यान्वेषण और पैनी दृष्टि के साथ की गई चर्चा को, जिस तरह से पेश किया है, उससे इस पुस्तक को पढ़ना बहुत ही आनंददायक हो जाता है। विश्वास कीजिए, इस पुस्तक को आप बार-बार पढ़ेंगे, वह भी इसकी कहानी मात्र के लिए नहीं, बल्कि उन आयामों के लिए भी जो आपके उद्यम और आपके जीवन में जुड़ सकते हैं।

—राम चरण

यह पुस्तक क्यों

सूरज अब तक नहीं उगा था और चंद्रमा नीले-भूरे आकाश में धुँधले रूप में देखा जा सकता था। मैं दिल्ली की उड़ान के लिए सुबह साढ़े 5 बजे के असामान्य समय पर हवाईअड्डे पर थी। दुनिया इतनी जल्दी क्यों जाग जाती है? जब तक नींद पूरी न हो जाए तब तक लोग सोते क्यों नहीं रहते, और तभी उठें, जब उनकी जरूरत पूरी हो जाए? अहले सुबह का समय मुझे पसंद नहीं है। अगर मेरा बस चले तो दुनिया का काम दोपहर में ही शुरू हो और आधी रात में खत्म हो।

मैंने एक नई किताब का साहसिक अभियान अभी शुरू ही किया था और देर रात तक शोध तथा लेखन में लगी रहती थी। मैं भारतीय कारोबारियों में नेतृत्व की क्षमता के बारे में लिखना चाहती थी। उनकी अद्वितीय प्रबंधन शैली सर्वव्यापी होती है, लेकिन अदृश्य रहती है। भारतीय कारोबारियों के जेहन में गहरे में सन्निहित रहती है और पश्चिमी प्रबंधन की नेतृत्व शैली से बिलकुल भिन्न होती है। भारतीय नेतृत्व के तरीकों में कुछ अच्छा और भिन्न होता है और मैं उसी को समझना चाहती थी और उसे एक प्रेरणादायक कहानी के रूप में लिखना चाहती थी।

हालाँकि यह तर्क दिया जा सकता है कि पहले से ही लीडरशिप और सफलता पाने के तरीकों के बारे में पर्याप्त सामग्री मौजूद है, फिर भी एक प्रश्न रह ही जाता है—कितनी सकारात्मकता पर्याप्त है? मेरा विश्वास है कि अच्छाई की कोई सीमा नहीं होती। मैंने संकल्प किया था कि सफलता के बारे में मौजूद सामग्री में कुछ और सशक्त जोड़ना है। मुझे सहयात्रियों से बात करना अच्छा लगता है। मोबाइल फोन से ध्यान भटकाए बगैर, आप अपने बगल में बैठे किसी व्यक्ति को अपने सबसे पुराने मित्रों भी ज्यादा अच्छी तरह से जान सकते हैं। खैर, आज काम का दिन था, बातों का नहीं और मैंने उस विघ्नरहित वातावरण में कुछ काम करना तय किया था। मेरा लैपटॉप उन लेखों से भरा था, जिनको मैंने उड़ान के दौरान पढ़ने

को सोचा था। मुझे समय-सीमा में काम निपटाना था और मुझे तय समय से पहले काम निपटाना पसंद है। ऐसे मौकों पर मुझे साथ का यात्री सोनेवाला या बातचीत न करनेवाला पसंद आता है, जो मुझे एकांत में अपना काम करने दे। हालाँकि मुझे यह देखकर निराशा हुई कि मेरे बगल की सीट पर एक वृद्ध सज्जन बैठे थे, जो सुबह की ओस की तरह ताजा लग रहे थे। जब मैंने अपना लैपटॉप, नोटबुक और स्टेशनरी बॉक्स निकाला और उन्हें अपनी सीट के सामने की जेब में रखा, तो वे मेरी ओर आशा भरी नजरों से देख रहे थे।

'तुम काम के लिए बिलकुल तैयार दिख रही हो', उन्होंने गहरी-लंबी बातचीत का सिलसिला शुरू करते हुए कहा। आखिरकार मैंने उस ऊर्जावान सज्जन से नजरें मिलाई, जो साठ साल से अधिक की उम्र के दिख रहे थे। वे एक मटमैले रंग का सफारी सूट और अच्छी तरह से पॉलिश किए हुए काले-भूरे रंग के जूते पहने थे। वे एक सोने की किनारीवाला दोहरे लेंस का चश्मा पहने थे और उनके सफेद दाँत चमक रहे थे। उनके बाल सफेद और मोटे और अच्छी तरह से पीछे की ओर सँवारे हुए थे। उनके चेहरे पर गंभीरता की गहरी रेखाएँ थीं, जो कि उनकी आँखों में भी झलक रही थीं।

'जी', मैंने कहा और हलके से मुसकरा दी।

'तुम्हें काम पसंद है?'

'बिलकुल', मैंने तुरंत कहा। 'मुझे अपना काम पसंद है।'

'तुम क्या करती हो?' वे बात करने के लिए अड़े हुए लग रहे थे, जबकि मैं बात बंद करना चाह रही थी। मैंने अपने फोन पर न खोले हुए वॉट्सएप मैसेज देखने शुरू किए।

'मैं प्रेरणादायक किताबें लिखती हूँ', मैंने उत्तर दिया और पायलट की घोषणा के लिए ठहर गई, उम्मीद कर रही थी कि मुझे आगे और न समझाना पड़े।

'प्रेरणादायक किताबें।' वे प्रभावित दिखे और उन्होंने मुझसे मेरी लिखी चार किताबों के बारे में जानकारी ली। अपनी जेब से उन्होंने एक छोटी डायरी निकाली, उन किताबों के नाम लिखे और वादा किया कि अपने गृहनगर लुधियाना पहुँचकर उन्हें जरूर खरीदेंगे।

'क्या अभी किसी नई किताब पर ही काम कर रही हो?'

यह सवाल सुनकर मुझे अच्छा लगा, क्योंकि इससे मुझे उन्हें यह समझाने का मौका मिला कि मुझे उड़ान के दौरान शोधकार्य करना क्यों जरूरी है। हालाँकि उनकी उत्सुकता मेरी विनम्रता पर भारी पड़ी। मैंने करीब पाँच मिनट तक उन्हें उन

अवधारणाओं के बारे में समझाया, जिनको मैं इस किताब में शामिल करने जा रही थी।

हालाँकि मेरे समझाने का तरीका उत्साहपूर्ण था, लेकिन मिस्टर राय मुझे चुपचाप देखते रहे, कोई प्रतिक्रिया नहीं दी।

उन्होंने अपनी उँगली अपनी ठोड़ी पर लगाई और एक जगह बार-बार खुजाते रहे, उनकी आँखें मुझसे हट नहीं रही थीं। लग रहा था कि वे मन में कुछ हिसाब लगा रहे हैं।

काफी देर की चुप्पी के बाद मैं ही बोली। 'और आप क्या करते हैं, सर?' मुझे वे सज्जन अच्छे लगे थे। मुझे उनकी ऊर्जा और मुझमें दिलचस्पी लेना पसंद आया था।

'मैं हीरो साइकिल्स का मैनेजिंग डायरेक्टर हूँ।' वे मुसकराते हुए बोले।

'आपको अपना काम पसंद है?' मैंने अदा से मुसकराते हुए पूछा, क्योंकि मैंने उन्हीं का सवाल उन्हीं पर दाग दिया था।

'मैं जो करता हूँ, वह मुझे पसंद है। और मैं यह बात हीरो साइकिल्स में काम करनेवाले हर किसी के लिए कह सकता हूँ। वे सब वहाँ इसीलिए काम करते हैं, क्योंकि उन्हें वहाँ काम करना अच्छा लगता है।' पलकें झपकाते हुए उन्होंने जवाब दिया।

मैंने जब भी अजनबियों से बात की, लोगों ने अकसर अपने काम और अपने बॉस की शिकायत ही की, लेकिन मिस्टर राय अपने काम के बारे में बताते हुए बहुत खुश दिख रहे थे।

'ऐसा कैसे?'

'यह सब एक ही इनसान के कारण है—ओमप्रकाश मुंजाल के कारण, जिन्हें छोटे बाऊजी के रूप में ज्यादा जाना जाता है। हीरो साइकिल्स में उन्होंने हीरो का परिवार ही बना डाला है।'

मिस्टर राय ने मेरी चुप्पी और विचारमग्न दृष्टि को आगे जारी रखने का इशारा समझा। 'मैं अपनी नौकरी के तीस सालों से छोटे बाऊजी को जानता हूँ। उनके जैसा इनसान इस ग्रह पर दोबारा नहीं आता। उनके जैसा कारोबारी बहुत कम मिलते हैं। वे जीती जागती किंवदंती हैं।' उन्होंने कुछ आँखें सिकोड़कर मुझे देखा, जैसे परख रहे हों कि मैं उनकी बात समझ रही हूँ या नहीं। 'उनके अंदर महानता निहित है और वे सफलता की सामान्य परिभाषा से परे हैं। और आज वे जो भी हैं, वह बनने के लिए उन्होंने किसी किताब का सहारा नहीं लिया—वे तो

उस तरह के व्यक्ति हैं, जिनसे किताबें ही प्रेरित होती हैं।'

'सच कहूँ तो, मैंने उनके बारे में बहुत ज्यादा नहीं सुना। मैं उनसे मिलूँगी, तब...'

'तुम्हें तब भी उनके बारे में ज्यादा सुनने को नहीं मिलेगा। वे अपनी कंपनी को अपने से आगे रखते हैं। वे अपने लोगों को अपने से आगे रखते हैं। वे अपने काम को अपने से आगे रखते हैं। जब तुम उनसे मिलोगी, तो तुम्हें उनकी कंपनी, उनका काम, उनके लोग देखने को मिलेंगे, वे नहीं। वे ऐसे लीडर हैं, जो दूसरे लोगों को आगे करते हैं। वे ऐसे हीरो हैं, जो दूसरों को गौरव अर्जित करने का मौका देते हैं। वे ऐसे कारोबारी हैं, जिनका कारोबार लोगों से प्यार करना है और इस मकसद को पूरा करने के लिए साइकिलें तो मात्र एक साधन हैं।'

मिस्टर राय ने मेरी दिलचस्पी जगा दी। वे धीरे-धीरे लेकिन उत्साह के साथ बोल रहे थे। उनकी आवाज बार-बार कँपकँपा जाती थी और मैं कह नहीं सकती कि यह उनके वृद्ध स्वरतंतुओं के कारण था या एक ऐसे नियोक्ता, सहयोगी के बारे में बात करते हुए उमड़नेवाली भावनाओं के कारण था, जिसके लिए उनके मन में बहुत सराहना और सम्मान का भाव था। उम्र के साठवें दशक में चल रहा यह व्यक्ति उस व्यक्ति से प्रेरित और प्रभावित था, जिसकी कंपनी में वह तीस सालों से काम कर रहा था। नौकरी की यह अवधि ही संगठन के बारे में बहुत कुछ कह रही थी। एक ही संस्था में तीस साल तक नौकरी करते रहने के लिए किस तरह की निष्ठा और समर्पण की जरूरत होती है? आज के युग में तो निजी और पेशेवर रिश्ते बनने से पहले ही विदाई के लिए सामान बाँध लिया जाता है, ऐसे में एक व्यक्ति ने अपना आधा जीवन एक ही संस्था में गुजार दिया।

किसी के प्रति इस तरह का आदर कहाँ से आया होगा?

जिस ताकत से ये सब मेरी ओर आ रहा था, उससे मुझे लगने लगा था कि पिछली कई बार की तरह इस उड़ान में कोई काम नहीं किया जा सकेगा। अपने बगल में बैठे इन लोगों से हमारी दोबारा मुलाकात नहीं हो पाती, लेकिन हम उनके साथ बातें रोज के मित्रों की तरह ही करते हैं और उनके साथ एक रिश्ता बना लेते हैं। उड़ान खत्म होने तक मैंने एस.के. राय को अपने एक बार के फ्लाइट फ्रेंड्स की सूची में शामिल कर लिया था।

मैं ऐसे कई लोगों से मिली हूँ, जो दशकों से एक ही नौकरी करते रहे, लेकिन ये लोग वे थे, जो कहीं और जाने या खतरा लेने में डरते थे। वे इसलिए टिके रहे, क्योंकि वे नौकरी बदलने से डरते थे। वे लोग बँधकर रह गए थे। हालाँकि मिस्टर

राय सफलता, शक्ति और ऊर्जा के साक्षात् रूप थे। ऐसा नहीं लग रहा था कि उन्हें तीस साल की नौकरी में किसी तरह की कोई परेशानी हुई है। वे ऐसे व्यक्ति लग रहे थे, जिन्होंने अपना जीवन सृजन और योगदान में लगाया है। वे अलग दिख रहे थे, और उन्होंने मेरी दिलचस्पी जगा दी थी। मैं उनके और ओ.पी. मुंजाल के बारे में और ज्यादा जानना चाह रही थी।

'मेरी अनभिज्ञता के लिए क्षमा करें, पर क्या आप मिस्टर मुंजाल के बारे में कुछ और बता सकते हैं?' मैंने पूछ लिया।

मिस्टर राय ने अपनी एक भौंह ऊपर उठाई और होंठों पर मुसकान लाते हुए बोले, 'मिस्टर ओ.पी. मुंजाल हीरो साइकिल्स के चेयरमैन हैं और हीरो ग्रुप ऑफ कंपनीज के बोर्ड ऑफ डायरेक्टर्स में शामिल हैं। हीरो साइकिल्स हर साल सत्तर लाख साइकिलें बनाती है और दुनिया की सबसे बड़ी साइकिल निर्माता कंपनी है। सबसे ज्यादा साइकिल उत्पादन के लिए उसका नाम गिनीज बुक ऑफ वर्ल्ड रिकॉर्ड्स में शामिल किया जा चुका है। छोटे बाऊजी पूरे साम्राज्य की आत्मा हैं, हीरो साइकिल्स की आत्मा हैं।' उन्होंने बहुत गर्व से बताया। उनके लहजे, स्वर, उत्साह और बोलने की शक्ति में गर्व झलक रहा था।

आदर तो मैं समझ पा रही थी, लेकिन मैंने मिस्टर राय से यह कहने से अपने को रोक लिया कि सफलता तो सामान्य चीज है। कई लोगों ने ऐसी ऊँचाइयाँ छुई हैं, जिनके बारे में साधारण इनसान सिर्फ सपने देखता है। उसमें मेरी दिलचस्पी नहीं थी। मेरी दिलचस्पी उस व्यक्ति में थी, जो इस सृजन के पीछे था। मेरी दिलचस्पी यह जानने में थी कि उसकी सफलता का असर कितने लोगों के जीवन पर पड़ा और कितने लोगों के जीवन में उससे सुधार हुआ। मैं जानना चाहती थी कि अपने काम के परिणामस्वरूप वे बेहतर और अधिक सशक्त व्यक्ति के रूप में कैसे विकसित हुए।

'मैंने ओ.पी. मुंजाल साब के बारे में सबसे पहले करीब तीस साल पहले उनके एक डीलर से सुना था', उन्होंने बताया। 'जो कहानी उसने मुझे सुनाई, उससे मैं एक निष्कर्ष पर पहुँचा : मैं उनके साथ काम करना चाहता था और उनके मकसद में साथ देना चाहता था।'

अब वे मेरी ही भाषा बोल रहे थे। अब वे सफलता के पीछे की कहानी सुना रहे थे। मैं उनकी रौ में बह गई। 'उसने आपको कौन सी कहानी सुनाई थी, सर?'

उनके चेहरे पर विजयी मुसकान आ गई। 'मेरे एक पुराने मित्र बलदेव राज के पास कानपुर में हीरो साइकिल की डीलरशिप बहुत लंबे समय से थी।' थोड़ा

ठहरने के बाद उन्होंने फिर कहा। 'शायद पचास साल से ज्यादा समय से।' अपनी तर्जनी से उन्होंने अपनी ठोड़ी रगड़ते हुए बताया। 'बलदेव की मुलाकात छोटे बाऊजी से तब हुई थी, जब वे साइकिल के कल-पुर्जे बेचने कानपुर में उनकी दुकान में आए थे। साइकिल या मोटरसाइकिल बनाने से पहले वे साइकिल के कल-पुर्जे बेचा करते थे। पूरा कारोबार चार भाइयों के हाथों में था और वे मुंजाल बंधु कहलाते थे। ओमप्रकाश मुंजाल चारों भाइयों में सबसे छोटे थे।' मिस्टर राय साँस लेने के लिए थोड़े रुके।

'बलदेव ने मुझे बताया कि मुंजाल साब उसकी दुकान पर आए और उनसे जिस विश्वास के साथ उन्होंने बात की, वह सिर्फ ईमानदारी और अंदरूनी शक्ति से आता है। बलदेव उनके पेशेवराना अंदाज से बहुत प्रभावित हुए। उन्होंने चांस लेते हुए उन्हें ऑर्डर दे दिया, जिसके लिए वे आए थे। बलदेव कंपनियों पर नहीं, इनसानों पर दाँव लगाते हैं। वे लोगों पर विश्वास करते हैं। उनका मानना है कि लोग ही काम करते हैं। अगर आपको काम चाहिए तो आपको सही लोगों के साथ काम करना होगा।

'और, मैं आपको बता दूँ मिस, कि होलसेल और रिटेल कारोबार बहुत तनावयुक्त और खतरेवाला कारोबार होता है। माल और डिलीवरी में कई बार सामान में टूट-फूट हो जाने या गुम हो जाने के कारण नुकसान हो जाता है। डीलर की निराशा तब और बढ़ जाती है, जब ऑर्डर पूरा नहीं होता। अंतिम गिनती या उपयोगी उत्पाद दिए गए ऑर्डर से कुछ कम निकलते हैं। इसका मतलब होता है कि निर्माता ने ऑर्डर से कम माल भेजा है, साथ में माल में कुछ टूटा-फूटा सामान भी है। इस कारोबार में टिके रहना है तो बहुत सतर्क होने की जरूरत होती है और सारी कमियाँ दूर करनी होती हैं।

'बलदेव बोले, ''मैं वह दिन कभी नहीं भूलूँगा, जिस दिन मुंजाल बंधुओं को कल-पुर्जों के दिए गए ऑर्डर की पहली खेप आई। मैंने खतरा मोल लिया था और एक ऐसे नए व्यक्ति को ऑर्डर दिया था, जो एक युवा था और जिसने मुझे प्रभावित किया था। मैंने अपने आदमी से कल-पुर्जों की गिनती करने और ऑर्डर से मिलाने को कहा। मेरा आदमी कुछ घंटों में लौटकर आया। मैंने पूछा, 'क्या ऑर्डर पूरा है?' और उसका जवाब था, 'नहीं साब।'''

'बलदेव बोले जा रहे थे, ''मुझे गुस्सा आ गया। मैं नाराज हो गया।''' मिस्टर राय ने यह सब उत्साहपूर्वक बताते हुए अपनी आवाज ऊँची कर दी। ''मुझे समझ में नहीं आता कि कारोबारी इतने लापरवाह क्यों होते हैं, लोग इतने नादान

और मूर्ख क्यों हैं, जो ये सोच लेते हैं कि अगर वे एक बार डीलर को धोखा देंगे, तब भी लोग उनसे सौदा करते रहेंगे। लोग न जाने क्यों इतने अदूरदर्शी होते हैं? हम कैसे कुछ कर पाएँगे, अगर हमारी टीम और हमसे जुड़े लोग ही हमारी काट करने पर तुले हों?'' उन्हें इस बात पर गुस्सा आ रहा था कि मिस्टर ओ.पी. मुंजाल जैसे नया व्यक्ति जिससे वे कुछ ही सप्ताह पहले मिले थे, भी अन्य सेल्सपर्सन की तरह झूठ बोलनेवाला निकला और जिनके बारे में उन्होंने सोचा था कि वे सही और गजब के युवक हैं।' मिस्टर राय कुछ देर के लिए रुके।

'बलदेव को लोगों की गहरी परख है। उन्हें मूर्ख बना पाना कठिन होता है,' उन्होंने गर्व से बताया।

' ''कितने हैं?'' उन्होंने अपने आदमी से पूछा था।

' ''एक सौ चार,'' उनके आदमी के मुँह से यह सुनकर वे कई मिनट तक कुछ बोल ही नहीं पाए। ''मैंने तीन बार गिना, साब'', उनके आदमी ने बताया। ''मुंजाल बंधुओं ने निर्धारित ऑर्डर से ज्यादा माल भेजा था, लेकिन बिल केवल सौ का दिया था। मैंने उनसे बात की और इस चूक के बारे में बताया, लेकिन मिस्टर ओ.पी. मुंजाल ने बताया कि माल जान-बूझकर ज्यादा भेजा गया था।'' वे कुछ ठहरे, उनके होंठों पर मुसकान चमक रही थी।

वे बहुत अच्छे किस्सागो थे।

'उसी दिन मैंने एक निर्णय कर लिया—मैं उस इनसान के साथ काम करना चाहता था। मैंने अपने मित्रों को माल भेजने को लेकर सप्लायरों और निर्माताओं की शिकायत करते सुना था और जब यहाँ कहानी बदलती दिखी और उसमें ईमानदारी और उत्साह दिखा तो मेरा मन उस नाव पर सवारी करने का हो गया। रोजी-रोटी कमाने के बहुत सारे विकल्प थे, लेकिन हीरो में काम करके तो जिंदगी जीने का अवसर भी मिल जाता है।' मिस्टर राय मुसकराए और कुछ देर दूसरी ओर देखते हुए भी उनकी मुसकराहट जारी रही। सिर हिलाते हुए वे स्वाभाविक रूप से उन दिनों को याद कर रहे थे, जब उन्होंने हीरो में काम करना शुरू किया था।

''मैं छोटे बाऊजी के साथ पिछले तीस सालों से काम कर रहा हूँ, लेकिन लगातार तीस सालों में उनके ऑर्डर कभी गड़बड़ नहीं हुए। यह बात हमेशा कुछ असाधारण होती है। जितनी उनसे आप अपेक्षा करते हैं, वे उससे ज्यादा आपको देते हैं। आप उन्हें जितने पैसे देते हैं, वे हमेशा आपको उससे ज्यादा का माल देते हैं।

'एक भी आइटम कम नहीं था। अगर ज्यादा नहीं था, तो उससे कम भी नहीं था। हालाँकि मैं तुमसे पूछता हूँ—तुम लेखिका हो, मिस—उन चार अतिरिक्त सामानों की कीमत क्या रही होगी? जो अतिरिक्त सामान उन्होंने बिना कहे भेजा था, उसका तुम क्या मूल्य लगाओगी?'

मैंने सराहना के भाव में सिर्फ सिर हिला दिया। हालाँकि मैं उस सवाल का विस्तार से उत्तर दे सकती थी और अच्छी-खासी चर्चा को उदास कर सकती थी, लेकिन मैंने अपने विचार अपने तक ही सीमित रखने का निश्चय किया। मिस्टर राय के अपने नियोक्ता के प्रति आदर-भाव को मैं समझ रही थी। मुझे विश्वास था कि यह सब मात्र एक घटना से नहीं, बल्कि सालों से कायम रहे सिद्धांतों के कारण पैदा हुआ है। हालाँकि मैं यहाँ एक महान्, अतिसंवेदनशील व्यापारी को देख रही थी। वे अपने ग्राहकों को खुश रखते थे और टूट-फूट या गुम हुए माल को बदलने की जिम्मेदारी भी खुद वहन करते थे। टूटे सामान को बदलना कुछ अतिरिक्त सामान भेजने की तुलना में ज्यादा खर्चीला पड़ता होगा। मेरे व्यावहारिक मन ने इसी तरह से सोचा, लेकिन मैं स्पष्ट तौर पर उस व्यक्ति को नहीं जानती थी और इसलिए मैं उनके इरादे को नहीं जान पाई।

किसी लेखक की सबसे बड़ी पूँजी उसकी उत्सुकता होती है और मैं और अधिक जानना चाहती थी। जो मिस्टर राय जानते थे, वह मैं जानना चाहती थी। मैं ओमप्रकाश मुंजाल के बारे में मिस्टर राय की समझ को जानना चाहती थी।

'उन चार सामानों की कीमत प्यार में है', मिस्टर राय ने बताया। 'उनका मूल्य चिंता में, परवाह में है, उस संदेश में है कि मैं महत्त्वपूर्ण हूँ और मैं मायने रखता हूँ। टूट-फूट का नुकसान पूरा करने के लिए हर सप्लायर के लिए कुछ अतिरिक्त सामान भेज देना तर्कसंगत होता है, लेकिन फिर भी वे अतिरिक्त सामान तो भेजते ही नहीं हैं, बल्कि ऑर्डर से कुछ कम ही भेजते हैं। और इसके बाद उसे कुछ सामानों के लिए मोल-भाव करना पड़ जाता है। बलदेव राज पहले से कई अन्य सप्लायरों से माल मँगाते थे और अन्य साइकिलें भी बेचते थे, लेकिन धीरे-धीरे वे सिर्फ 'हीरो' ही बेचने लगे। मुंजाल साब को उन्हें अपना विशिष्ट डीलर बनाने के लिए मनाना नहीं पड़ा। उन्होंने ऐसा कभी नहीं किया, लेकिन किसी और का स्तर और शैली उनके जैसी नहीं थी। उनके साथ व्यापार करना सुखद हो गया था और दबाव कम हो गया था। अब वे केवल हीरो की ही डीलिंग करते हैं और मैं अनेक व्यापारियों को जानता हूँ, जो खुद अपनी पसंद से, अपनी खुशी के लिए सिर्फ हीरो की ही डीलिंग करते हैं।'

कहानी में ये दिलचस्प मोड़ था। आप किसी ग्राहक को खुश कैसे करते हैं? यह अजीब बात है कि 'जो चाहा जाए, वो दो' का विचार ही ग्राहकों को खुश कर देता है। ऐसा तब होता है, जब कोई लगातार ये संदेश देता है कि वह अपने काम की ही नहीं, बल्कि दूसरों के कामों की भी परवाह करता है। हमारा व्यवसाय और हमारी जिंदगियाँ एक-दूसरे से जुड़ी रहती हैं। यह आप किसी को कैसे समझाएँगे कि वह आपके व्यापार और आपके जीवन के लिए महत्त्वपूर्ण है? जब मानवीय भावनाएँ व्यक्त करने की बात आती है तो शब्द न्याय नहीं कर पाते, खासकर जब भावनाएँ सकारात्मक हों। ईमानदारी, दया, प्यार की छोटी-छोटी भंगिमा शब्दों से ज्यादा असर छोड़ जाते हैं।

'वे अपनी ओर से आपको सिर्फ सर्वोत्तम ही नहीं देते हैं। वे आपको सर्वोत्तम देते हैं और फिर उससे ज्यादा भी कुछ देते हैं। मिस्टर राय अपने इंग्लिश केक को तोड़ने लगे। मेरी पत्नी मुझे ये सब कभी नहीं खाने देती।' वे हँसते हुए मीठे पर टूट पड़े।

अपेक्षा से ज्यादा दीजिए। यह आध्यात्मिक पाठ काम को रूपांतरित कर सकता है। अनुचित तरीकों की दुनिया में, ऐसी जगह, जहाँ ज्यादा का वादा करना और कम देने की रणनीति ग्राहकों, नियोक्ताओं और कर्मचारियों को नाखुश करती है, ऐसे में एक इनसान ऐसा भी है, जो न केवल अपना वचन निभाता था, बल्कि अपेक्षा से ज्यादा भी देता था। निश्चित ही वह लंबी रेस का घोड़ा था, ऐसा कारोबारी था, जो यहाँ टिकने के लिए आया था।

मैंने अपनी प्लेट छुई भी नहीं थी। मैं इतनी सुबह नहीं खा सकती थी। मेरा मन घूम रहा था। बहुत दिनों बाद मैंने इतनी ज्यादा दिल को छू लेनेवाली बातें सुनी थीं। आमतौर पर लोग जब बातें करते हैं, तो वे अपने को दिलचस्प दिखाने की कोशिश करते हैं। मिस्टर राय जैसे लोग बहुत ही कम मिलते हैं, जो किसी और के बारे में बताते हों, जो किसी और को अपने से ज्यादा बड़ा दिखाने की कोशिश करते हैं। मिस्टर राय खुद भी बहुत सफल लग रहे थे, जैसे कि उन्होंने जीवन में बहुत कुछ किया हो, लेकिन उनकी प्रशंसा के केंद्र ओमप्रकाश मुंजाल थे।

मिस्टर राय से बातचीत के कुछ मिनटों बाद ही मेरे मन में ओमप्रकाश मुंजाल से मिलने की इच्छा पैदा हो गई थी। मेरी इच्छा हो रही थी कि मैं मिस्टर राय से कहूँ कि मैं उस इनसान के बारे में जानना चाहती हूँ, जो तेज कारों और उनसे भी तेज हवाई जहाजों के युग में शौक से दोपहिया साइकिल चलाता है।

सफर की शुरुआत

मैंने फिर से अपना टिकट देखा। मेरी बुकिंग लुधियाना जाने वाली ट्रेन में एक्जीक्यूटिव क्लास केबिन में थी। मैंने दो दशकों से ज्यादा समय से ट्रेन की यात्रा नहीं की थी। साहसिक अभियानों के लिए मैं हमेशा सबसे पहले तैयार रहती हूँ और ट्रेन की यात्रा में उस दौर में वापस जाने की चुनौती होती है, जिसे लंबे समय से सुविधाओं और आराम में रहनेवाला इनसान शायद भूल चुका होता है।

मेरा मन एक साथ कई जगहों पर था। दस दिन पहले ही मैं मिस्टर राय से मिली थी, जो अब मेरे प्रिय मित्र थे और जिनकी सुनाई कहानियों से मुझे हीरो साइकिल्स के चेयरमैन ओमप्रकाश मुंजाल से मिलने की प्रेरणा मिली थी, ताकि मैं उनके बारे में लिखने की संभावनाएँ तलाश सकूँ।

'मेरे पिता को इसमें तनिक भी दिलचस्पी नहीं है कि उनके जीवन के बारे में कोई झाँके या उनकी कोई भी बात लोगों को पता चले, चाहे वह कितनी ही खास क्यों न हो', उनके बेटे पंकज ने मुझे बताया। 'उनके लिए कार्य ही पूजा है और उसके अलावा कुछ भी उनके लिए मायने नहीं रखता। श्रेय किसको मिलता है, मुनाफा किसको होता है वे इसकी कतई परवाह नहीं करते। उन्होंने कुछ ऐसा खास बनाया जिससे लोग प्रसन्न हुए, कुछ ऐसा महान् बनाया जो बहुत बड़ी संख्या में लोगों के लिए अच्छा हो, इसी से उन्हें खुशी होती है। लोकप्रिय होने में उनकी कोई रुचि नहीं है। दूसरों को सिखाने में उनकी दिलचस्पी नहीं है। "मैं क्या सिखा सकता हूँ?" वे अकसर हँसकर पूछते हैं। "हम सभी अपने-अपने शिक्षक हैं।"

पंकज ने आगाह किया था कि उनके पिता अपने बारे में कोई किताब लिखने के विचार को शायद ही पसंद करें, लेकिन मैं उनसे मिलने पर जोर देती रही। पिछले कुछ दिनों में मैंने मिस्टर राय से लंबी-लंबी चर्चाओं में उनके बारे में जो कुछ सुना था, वह अगर सही था, तो मुझे विश्वास था कि ऐसे इनसान से मिलना

अपने आप में सम्मान की बात होगी।

'मैं तुम्हें रोकना नहीं चाहता,' पंकज बोले, 'लेकिन मैं तुम्हें बता देना चाहता हूँ कि कई पत्रकारों-लेखकों ने फीचर के लिए और एक बार एक किताब के लिए भी मेरे पिता का साक्षात्कार लेना चाहा, लेकिन उन्होंने हर बार मना कर दिया। ''मेरा ही साक्षात्कार क्यों?'' वे कहते हैं। ''सारे साढ़े तीन हजार कर्मचारियों का साक्षात्कार लो और तब आपको पूरी तसवीर पता चलेगी। मैं कोई हीरो नहीं हूँ और न हीरो बनने की कोई अभिलाषा मेरे मन में है। मेरे लोग ही असली हीरो हैं।'' और तुम पूरी किताब लिखना चाहती हो! वे हँसने लगे। हमारी कंपनी के वीडियो के लिए कुछ बुलवाना तक तो बहुत दुस्साध्य काम है। जिस पल तुम कहोगी कि तुम उनके बारे में किताब लिखना चाहती हो, उसी समय तुम्हारा काम शुरू होने से पहले ही खत्म हो जाएगा। वे बहुत सादगीयुक्त हैं।'

पंकज को यह नहीं पता था कि उनके ये चेतावनी के शब्द उनसे मिलने के लिए मेरे आग्रह को और बढ़ा ही रहे थे। मुझे लगता है कि यह कुछ विपरीत मनोविज्ञान का मामला है। जब आपसे कहा जाता है कि आप कोई काम नहीं कर पाएँगे, तो ऐसा लगता है कि अब आप वही काम करना चाहते हैं। मैं अड़ी रही और आखिरकार उन्होंने हार मान ली।

'मेरी बहन प्रियंका पिताजी के साथ सप्ताहांत बिताने लुधियाना जा रही हैं। तुम उनके साथ चली जाओ और उसकी सहेली के रूप में हमारे घर पर रुक जाना। इस तरह से तुम्हारी मेरे पिता को देखने और जानने की इच्छा पूरी हो जाएगी। मैं नहीं जानता कि तुम कितनी जानकारी हासिल कर पाओगी, लेकिन यह अब तुम पर है।'

मैं उनके इस भाव की हमेशा आभारी रहूँगी। पंकज ने न केवल मेरे उद्‌देश्य में सहायता की, बल्कि अपने घर के द्वार भी मेरे लिए खोल दिए, ताकि मैं अपने उद्‌देश्य को पूरा करने का अवसर पा सकूँ। मैं चुनौती का सामना करने में सक्षम थी। मुझे लोगों से मिलना अच्छा लगता है और मेरा सौभाग्य है कि अपने काम के सिलसिले में मुझे बहुत सारे दिलचस्प लोगों से मिलने का मौका मिलता है। मैं जानती थी कि अगर मैं मिस्टर ओमप्रकाश मुंजाल के बारे में जान-समझ सकी तो यह बहुत अच्छी कहानी बनेगी। और अगर मुझे उनसे कोई जानकारी नहीं भी मिली, तो भी मुझे ऐसे इनसान से मिलकर अच्छा तो लगेगा ही जिसके लिए मेरे दिल में पहले से ही सराहना का भाव आ चुका है।

सराहना किसी भी रिश्ते का शुरुआती बिंदु होती है, खासकर किसी लेखक

और उसके विषय के बीच। आगे के पृष्ठों में जो कहानी बताई गई है, उससे मेरे मन के सराहना का भाव आदर और स्नेह में बदल गया और एक विशेष तरह का जुड़ाव हो गया जो दो लोगों के बीच होता है, जिनके उद्देश्य, जुनून और शक्तियाँ एक तरह की होती हैं।

मैं लेखिका के रूप में नहीं, बल्कि ओ.पी. मुंजाल की सबसे छोटी लड़की प्रियंका की सहेली के रूप में मुंजाल परिवार के साथ सप्ताहांत बिताने लुधियाना गई। इससे मुझे बड़ा फ़ायदा हुआ। मुझे पता नहीं था कि मुझे कोई कहानी मिलेगी या नहीं। मैं सिर्फ संभावनाएँ तलाश कर रही थी। इसी कारण ओ.पी. मुंजाल मेरे साथ घंटों बातें करते और यहाँ तक कि वे मुझे हीरो साइकिल्स की फैक्टरी भी ले गए।

इसका दूसरा पहलू यह रहा कि मुझे नोट्स बनाने या बातचीत रिकॉर्ड करने का अवसर नहीं मिला। हालाँकि मैंने अनुभव, शब्द, भावनाएँ सब अपने मन में संग्रहित किए और जब मैं लुधियाना से निकली तो मुझे पहले से कुछ अधिक विश्वास हो गया था कि मेरे पास बताने के लिए एक बहुत ही प्रेरक कहानी है। मैंने अगले कुछ सप्ताह घर पर ही लिखने, याद करने और फिर कुछ याद करने में लगाए।

ओ.पी. मुंजाल आज मेरे हीरो की उस सूची में शामिल हैं, जिन प्रेरक लोगों से मेरी मुलाकात हुई है। उनसे मिलना, उन्हें जानना और उनके साथ समय बिताना मेरे जीवन के लिए समृद्धकारी रहा। भलाई में मेरा विश्वास फिर से जगा और अपना उद्देश्य और शक्ति फिर से हासिल करने में मुझे सहायता मिली। प्रिय पाठक, मेरी इच्छा है कि आपके साथ भी ऐसा ही हो।

उन्हीं के शब्दों में उनका परिचय

माता जिसकी ठाकुर देवी
पिता बहादुरचंद मुंजाल
भैया जिसके बालमुकुंद, सदानंद, दयानंद,
सत्यानंद और बृजमोहनलाल
पाँचों भाभी, एक बहना, भतीजे
और भतीजियाँ बेमिसाल
पाँच फुट चार इंच लंबा
छियासी सेर वजनी
उमर है जिसकी इक्कीस साल
शरीर दुबला-पतला
गिटमुठिया, धीमी-धीमी जिसकी चाल
नगर-नगर में घूमकर
बेचा करता है साइकिल पार्ट्स
कभी एजेंटिया कभी पैकरिया
कभी बनता ऑल इन ऑल
वही है ओमप्रकाश मुंजाल

अनुक्रम

1

मजबूत पेड़ के लिए मजबूत जड़ें आवश्यक होती हैं

अगर आपको अपने मूल्य पता हैं तो निर्णय करना कठिन नहीं रह जाता।

—रॉय डिस्नी

ओमप्रकाश मुंजाल का जन्म 26 अगस्त, 1927 को अविभाजित पंजाब के लायलपुर जिले के कमलिया में हुआ था। कमलिया अब पाकिस्तान में है। उनके पिता बहादुरचंद का गाँव के बाजार में एक छोटी सी थोक की दुकान थी, जहाँ से किसानों का अनाज बेचा जाता था। ओमप्रकाश की माँ ठाकुर देवी एक गृहिणी थीं, जो हमेशा दूसरों की मदद के लिए तत्पर रहती थीं। अपने माता-पिता के मूल्यों और व्यक्तित्वों से बहुत ज्यादा प्रभावित ओमप्रकाश में दोनों के गुणों का अद्‌भुत मेल था।

ओमप्रकाश ने स्वयं देखा था कि उनके पिता का उनके समुदाय में कितना आदर-सम्मान था। वे सुनिश्चित करते थे कि किसानों को उनके मुनाफे का उचित हिस्सा मिले और खरीददारों को भी सामान उचित दामों पर मिले। उनके आस-पास ज्यादा दाम लेने और जमाखोरी तथा मिलावट जैसे बाजारी तरीके बड़े पैमाने पर चलन में थे। ओमप्रकाश अपने व्यापार की कसम खाते थे। वे अकसर कहते हैं कि उनके पिता में उनकी शान हर दिन नई हो जाती थी।

बड़ों का सम्मान करना पारिवारिक संस्कृति थी और यह संस्कृति मुंजाल परिवार की विरासत बन चुकी है। छोटे भाई बड़े भाइयों को माता-पिता के समान ही सम्मान देते थे। बड़े भाई भी अपने छोटे भाई-बहनों को अपनी संतान की तरह

मानते थे। उनके संस्कार इतने स्थायी थे कि आज भी, सड़सठ साल की उम्र में, ओ.पी. मुंजाल जब भी अपने बड़े भाइयों से मिलते हैं, तो सबसे पहले उनके पैर छूते हैं और बड़े भाई भी उन्हें उसी तरह से आशीर्वाद देते हैं, जिस तरह से वे अपने बेटों को देते हैं।

ओमप्रकाश के पिता हर दिन अपने कार्यों के जरिए उन्हें ईमानदारी का पाठ पढ़ाते थे। वे अकसर अपने बेटे से कहते थे कि जब तुम ईमानदारी को अपना व्यवसाय बना लेते हो, तो फिर किसी भी व्यवसाय में तुम फल-फूल जाओगे। एक भी दिन ऐसा नहीं जाता, जब ओमप्रकाश अपनी सफलता का श्रेय अपने संस्कारों और अपने माता-पिता को न देते हों। सिखाने का सबसे अच्छा और सबसे कारगर तरीका उदाहरण के द्वारा सिखाने का होता है और बहादुरचंद तथा ठाकुर देवी उन मूल्यों के उदाहरण थे, जिन्हें ओमप्रकाश आज भी अपनाते हैं।

पूरा मुंजाल खानदान बहुत धार्मिक है और ईश्वर के प्रति अपने प्यार को लोगों तक भी पहुँचाता है। परिवार में एक साथ नियमित रूप से होनेवाली प्रार्थनाएँ और धार्मिक कार्य सबके अंदर प्यार, भलाई और सेवा का भाव पैदा करते थे। पुरोहित और अन्य विद्वज्जन अकसर मुंजाल परिवार में आते-जाते देखे जाते थे और यह सिलसिला आज भी जारी है।

ओमप्रकाश अपनी माता के खासतौर पर निकट थे। ठाकुर देवी हर दिन दूसरों की भरसक सहायता और सेवा किया करती थीं। अगर कोई बीमार हो और उसे देखभाल की जरूरत हो तो वे तुरंत उसके पास पहुँच जाती थीं। अगर किसी के यहाँ कोई खुशी का मौका हो और उसे तैयारी में मदद चाहिए हो तो वे वहाँ भी पहुँच जाती थीं। वे सबके सुख-दुख में साथ देती थीं।

ओमप्रकाश हर दिन शाम को अपनी माता के पैर दबाते थे और उनके घुटनों की मालिश करते थे। वे यह सुनिश्चित करना चाहते थे कि वे अपना पसंदीदा कार्य—लोगों का साथ देना—कभी न छोड़ें। जब कभी वे थकी और क्लांत हो जाती थीं, तो वे हमेशा उनके पास पहुँच जाते थे और उन्हें स्वस्थ तथा चुस्त होने में सहायता करते थे, ताकि वे बाहर आ-जा सकें और अपने उद्‌देश्य पूरे कर सकें।

ओमप्रकाश की माँ उनकी हीरो थीं और अब भी हैं। और उनके पिता उनके सबसे बड़े शिक्षक थे और अब भी हैं। उनके माता-पिता सालों पहले गुजर चुके हैं, लेकिन वे अकसर उनके बारे में बातें करते हैं। ओमप्रकाश सचमुच यह मानते हैं कि उनके माता-पिता का उद्‌देश्य एक जीवनकाल से कहीं ज्यादा बड़ा था और वे बस उनके काम को आगे बढ़ा रहे हैं। □

2

शुरुआती दिन

बच्चों को वह याद नहीं रहता, जो आप उन्हें सिखाने की कोशिश करते हैं। उन्हें वह याद रहता है, जो आप हैं।

—जिम हेंसन

ओमप्रकाश की अधिकांश पढ़ाई कमलिया में हुई थी। वे बहुत होनहार छात्र थे, लेकिन उन्हें अपने तक ही सीमित रहना पसंद था। कम उम्र में ही वे उद्‌देश्य-संचालित थे और अपनी उम्र के अधिकतर बच्चों के साथ अपने को नहीं जोड़ पाते थे। जहाँ ओमप्रकाश का झुकाव सेवा और योगदान की ओर था, वहीं उनके दोस्तों की दिलचस्पी स्वाभाविक रूप से मौज-मस्ती में थी। इसी अंतर के कारण वे ऐसे लोगों की खोज करने लगे, जिनके सरोकार उनसे मिलते-जुलते हों। चौदह साल की उम्र में उन्हें अपने पड़ोस के क्षेत्र में एक सामुदायिक सेवा शिविर का पता चला और वे लोगों की सहायता करनेवाले सामुदायिक कामों में समय देने लगे।

ओमप्रकाश का सपना अपने समय का उपयोग अपनी और दुनिया की बेहतरी में करने का था। उनका दर्शन अपनी मान्यताओं और अपनी अंतर्निहित योग्यताओं को जनसेवा में लगाने का था।

1943 ई. में राजनीतिक अशांति जोरों पर थी। बंगाल का अकाल, जापान का कोलकाता पर हमला और महात्मा गांधी का अपने जेल में डाले जाने के विरोध में अनशन जैसी घटनाएँ भी भारतीय जनमानस की आशाओं पर छाई हुई थीं। कट्टर देशभक्त ओमप्रकाश का राष्ट्रीय तथा अंतरराष्ट्रीय मामलों में तथा अपने देश की सेवा में बहुत दिलचस्पी थी। उनके माता-पिता तथा बड़े भाइयों को भी यह पसंद था, जो पहले से ही इस उद्‌देश्यपूर्ण किशोर की सराहना करते थे। लोगों को

आत्म-निर्भर बनाने में सहायता करने के लिए बहुत सारे राहत शिविर तथा सहयोगी तंत्र स्थापित किए गए थे और ओमप्रकाश अकसर इन शिविरों में सेवाकार्य करते पाए जाते थे।

एक दिन, जब उनका परिवार अपने रिश्तेदारों से मिलने के बाद पड़ोसी शहर से अमृतसर लौट रहा था, तभी ओमप्रकाश घर जाने, खाना खाने या कपड़े बदलने के बजाय रेलवे स्टेशन से सीधे ही एक कल्याण शिविर की ओर दौड़ पड़े थे। उन्होंने एक काम में हाथ बँटाने का वचन दिया था और वे बिना किसी देरी के उसमें शामिल होना चाहते थे।

ओमप्रकाश के माता-पिता हमेशा उनके सरोकार का समर्थन करते थे। वे उनके साथ कभी बच्चों जैसा व्यवहार नहीं करते थे। वे उनका सम्मान उसी तरह से करते थे जैसा कि सरोकारों से जुड़े किसी व्यक्ति का करना चाहिए। वे विश्वास करते थे हम सभी यहाँ एक कारण—अपनी बुनियादी जरूरतों से कहीं बड़े किसी सरोकार—की वजह से हैं। उन्होंने कभी उन्हें रोकने या दबाने या उनकी दिलचस्पियों से दूर करने की कोशिश नहीं की। उन्हें कभी किसी चीज के लिए लड़ना नहीं पड़ा। उन्हें कभी किसी बात के विरुद्ध विद्रोह नहीं करना पड़ा। उनके माता-पिता ने उन्हें वह सबसे बड़ा उपहार दिया, जो कोई भी माता-पिता अपनी संतान को दे सकता है—वह बनने की अनुमति दी, जो वे बनना चाहते थे।

□

3

ओमप्रकाश के हीरो

हीरो एक साधारण व्यक्ति ही होता है, जिसके अंदर बहुत बड़ी बाधाओं के बावजूद डटे रहने और टिके रहने की शक्ति होती है।

—क्रिस्टोफर रीव

हमारे हीरो वे लोग होते हैं, जो हमारे सरोकारों की राह पर चलते हों। हम जो भूल चुके हों, उसकी वे हमें याद दिलाते हैं। वे ऐसे सहयात्री होते हैं, जो हमसे पहले उस रास्ते पर चल चुके होते हैं। हमारे हीरो वे लोग होते हैं, जिनके साथ हम जुड़ सकते हों और ऐसे स्तर पर उनसे संवाद कर सकते हों, जहाँ शब्द और यहाँ तक कि भौतिक उपस्थिति अनावश्यक हो।

आप उन लोगों के बारे में बहुत कुछ कह सकते हैं कि उनके हीरो कौन हैं, वे किसकी सराहना करते हैं और किसका अनुकरण करते हैं। इससे उनकी मान्यताओं और झुकावों के बारे में काफी कुछ पता चलता है। ओमप्रकाश के हीरो स्वतंत्रता सेनानी थे, जिनमें भगत सिंह सबसे मुख्य थे। वे इस बात से बहुत प्रभावित थे कि उनका उद्‌देश्य उनके अपने जीवन से कहीं अधिक बड़ा था और उस उद्‌देश्य में समूचे राष्ट्र का जीवन शामिल था। उनके अंदर यह कौतूहल पैदा हुआ कि ऐसे भी लोग थे, जो उन लोगों के सुख और इंसाफ के लिए लड़े जिनको वे व्यक्तिगत रूप से जानते भी नहीं थे। स्वतंत्रता सेनानियों के बारे में छपे लेखों को काटकर वे अपनी नोटबुक में चिपका लिया करते थे और उनसे प्रेरणा लेने के लिए अकसर उन्हें पढ़ते रहते थे।

1972 ई. में, जब ओ.पी. मुंजाल लायंस क्लब के अध्यक्ष थे, तब उन्होंने राष्ट्र की ओर से शहीद भगत सिंह की माँ विद्यावती का उनके बेटे के वीरतापूर्ण

कार्यों में सहयोग देने के लिए सम्मान किया था। और ओमप्रकाश के इस बुद्धिमत्तापूर्ण कार्य को आगे बढ़ाते हुए भारत सरकार ने माता विद्यावती को राष्ट्रीय स्तर पर सम्मानित किया। आज उन्हीं स्वतंत्रता सेनानियों की भावनाएँ ओमप्रकाश के सेवा, जनता और देश के प्रति रुझानों में झलकती है। हो सकता है, कोई उसी कार्य में न हो या सरोकार का वही स्तर न रखता हो, लेकिन यह जानकर हमारी दुनिया में आशा और शक्ति का संचार होता है कि कई ऐसे लोग भी हैं, जो अपने आपसे परे जाकर कुछ खास उपलब्धि हासिल करने में लगे हैं, ऐसे लोग भी हैं, जो बलिदान, कड़े परिश्रम में जुटे हैं।

ओमप्रकाश का अपने नायकों से एक नाता था। ऐसा नाता, जो अपेक्षा पर नहीं बल्कि प्रेरणा पर आधारित था। ऐसा नाता जो साहस, सच्चाई, आत्म-विश्वास पर आधारित था। और उस नाते के जरिए उन्होंने अपने नायकों का अनुकरण ही नहीं किया, बल्कि खुद भी उनमें शामिल हुए।

□

4

बचपन का जुनून

कविता मेरे लिए सरोकार नहीं, बल्कि जुनून रही है।

—एडगर एलन पो

ओमप्रकाश ने बहुत जल्दी अपने जुनून को पहचान लिया था। वे कवि थे और आज भी हैं। उनकी कविताओं के शब्द, उनकी भाषा—सभी दृष्टि और आध्यात्मिक गहराई से ओतप्रोत होते हैं। उनके लिए कविता लोगों से जुड़ने का माध्यम है। उनकी कविताएँ लोगों, काम और जीवन की प्रशंसा में होती हैं।

किशोरावस्था में ही उन्होंने एक दिन एक कविता अपने बड़े भाई दयानंद को सुनाई। दयानंद भाव-विभोर हो गए और पूछने लगे कि इतनी गहराईवाली कविता किसकी लिखी हुई है। जब ओमप्रकाश ने यह बताया कि उन्होंने खुद ही वह कविता लिखी है, तो उनके भाई को विश्वास ही नहीं हुआ कि वे विचार और भावनाएँ उनके छोटे से भाई की ही हैं। उन्हें विश्वास नहीं हुआ कि इतने छोटे से लड़के में इतनी गहरी समझ होगी। दयानंद ने उन्हें अपने नवजात बेटे के बारे में कविता लिखने की चुनौती दी। उसी समय ओमप्रकाश ने अपने भतीजे के बारे में एक दोहा बना दिया। 'मैं अपनी कविताएँ याद नहीं रखता,' ओमप्रकाश कहते हैं। 'मैं तो जो मन में आता है, वह रच देता हूँ और उसे लिखने के बारे में मैंने कभी नहीं सोचा। कविता मेरे मन को भर देती है और जो शब्द एक बार बोल दिए, उन्हें सँभालकर रखने की जरूरत मुझे कभी महसूस नहीं हुई। अभी कुछ ही साल पहले मेरे बेटे ने मेरे दोहों को डायरी में लिखने का सुझाव दिया, जिसके बाद मैंने उन्हें लिखना शुरू किया।'

तो, ओमप्रकाश का दोहा सुनकर दयानंद ने उन्हें गले लगा लिया। उन्होंने उस दिन जो शब्द कहे, उन्हें ओमप्रकाश आज तक अपने दिल से लगाए हैं।

उन्होंने कहा था कि लिखना और कविता करना कभी मत छोड़ना। 'कविता तुम्हारी आत्मा की अभिव्यक्ति है', उन्होंने कहा था। 'यही तुम हो। हर दिन इसे अभिव्यक्ति देना। इसे शक्ति देना, अपने काम में, अपने खेल में, अपने रिश्तों में—अपने जीवन में इसे चमकने देना।'

आज, ओमप्रकाश की पहचान ऐसे कवि के रूप में है, जो एक कारोबारी भी है। वे उर्दू में शायरी करते हैं और जब वे किसी का स्वागत करते हैं, तो उसके लिए वे प्रेम, शक्ति और विवेक में डूबी आशुरचित कविताएँ सुनाते हैं।

आपके जुनून को कोई नहीं मार सकता। आपकी प्रतिभा को आपसे कोई नहीं छीन सकता। उसकी अनदेखी करके आप खुद ही उसे नष्ट कर सकते हैं। जब जुनून किसी पेशे में आ जाता है तो वह व्यापार के स्वरूप को बदल देता है। अपनी कला की अभिव्यक्ति के लिए आप जिस सीमा तक जाते हैं, वही आपके जुनून का मापक होता है। जबकि आपको यह पता होता है कि उस जुनून बदले आपको कोई आर्थिक लाभ होनेवाला नहीं। ओमप्रकाश ने अपनी कला को अपने जुनून के जरिए जीवित रखा। अब उनके पास एक छोटी सी नोटबुक है, जिसमें वे अपनी कविताएँ लिखते हैं। वे इसे दीवान कहते हैं। उनके कुछ शब्दों के अर्थ और गहराई आपको अनंत की सैर करा लाने में सक्षम हैं। हर साल के अंत तक 'हीरो डायरी' नाम की उनकी नोटबुक में हजारों भावपूर्ण दोहे और शेर भर जाते हैं। हर साल डीलरों, कर्मचारियों, विक्रेताओं और ग्राहकों का समूचा हीरो समुदाय नए साल के उपहार के रूप में मिलनेवाली इस डायरी का इंतजार करता है।

उन्होंने कविता को कभी पेशा नहीं बनाया, लेकिन यह उनके कार्यों का अभिन्न हिस्सा है। वे कवियों को सहयोग देते हैं और कवि सम्मेलनों में जाते हैं। जो लोग इसे पेशा बनाने के लिए संघर्ष कर रहे होते हैं, ओमप्रकाश कई बार वैसे लोगों की मदद भी करते हैं। वे हीरो डायरी के लिए हर साल शायरों से शायरी आमंत्रित करके उन्हें बढ़ावा देते हैं। वे ऐसे आयोजन भी करते हैं, जिनसे कवियों को प्रोत्साहन और सहयोग दिया जाता है। हीरो साइकिल्स का एक भी डीलर ऐसा नहीं होगा, जो कह सके कि ओ.पी. मुंजाल ने उसके लिए खास तौर पर कोई कविता नहीं लिखी है। वे अपने सम्मेलनों की शुरुआत कविता से करते हैं और सम्मेलनों में मौजूद लोग उनके शब्दों से मंत्रमुग्ध हो जाते हैं। हर बार और-और के सुर गूँजते रहते हैं। कविता के बीच में वे चुटकुले और क्रिकेट की बातें भी शामिल करते हैं। कारोबार की उनकी चर्चा में यह सब शामिल रहता है।

□

5

खुशहाल दांपत्य जीवन

प्यार वह है, जब आप किसी की आँखों में देखते हैं,
और वो सबकुछ पाते हैं, जिसकी आपको जरूरत है।

—अज्ञात

ओ. पी. मुंजाल और उनकी पत्नी सुदर्शन का विवाह बहुत कम उम्र में 10 दिसंबर, 1953 को हो गया था। उनका विवाह तय होने तक दोनों एक-दूसरे से कभी नहीं मिले थे। उनकी राय भले ही न ली गई हो, लेकिन ओ.पी. मानते हैं कि तकदीर ने उन्हें मिलाने की 'साजिश' की थी। श्रीमती सुदर्शन मुंजाल को प्यार से सब बीजी कहते हैं। वे अपने पति की बहुत बड़ी सहयोगी रही हैं और वे भी उनके बहुत बड़े सहयोगी रहे हैं। वे उनकी सबसे भरोसेमंद हैं। वे उन्हें कविताएँ भी सुनाते हैं।

हर रात खाने के बाद वे उनकी कुशल पाककला की सराहना में एक-न-एक कविता तैयार रखते हैं। 'मेरी पत्नी मुझे खूब खिलाती-पिलाती है और आकर्षक बनाए रखती है,' ओ.पी. मुंजाल अकसर मजाक में कहते हैं। वे सन् 1988 की घटना याद करते हैं, जब वे किसी सेल्स टूर पर दिल्ली जा रहे थे। उनकी पत्नी ने उनके लिए दो सफारी सूट रख दिए थे, जिनकी फिटिंग ठीक करानी थी। वे ज्यादा बड़े थे और उनको थोड़ा छोटा कराना था। उनकी पत्नी ने उन्हें सामान में सबसे ऊपर रखा था और कहा था कि दिल्ली में किसी दर्जी से ठीक करवा लेना। ओमप्रकाश उन सूटों को दर्जी के पास ले जाना तो भूल ही गए, पर कमाल देखिए, चार दिन तक उन्हीं सूटों को पहनते रहे और इस पर भी ध्यान नहीं दिया कि वे सूट किसी झोले की तरह लग रहे हैं। उनके डीलर कहते रहे कि उनका वजन कम हो गया है, लेकिन तब भी उन्हें या अन्य किसी को यह पता नहीं लग पाया कि वे

बड़ी साइज के कपड़े पहने थे।

'तुम्हारे बिना मैं क्या कर पाता हूँ?' ओमप्रकाश अपनी पत्नी से कहते रहते हैं।

'यही कारण है कि मैं तुम्हारे साथ चला करती हूँ', उनका जवाब होता है। 'वे अपने काम में इतना खो जाते थे और उसको लेकर इतने उत्साहित रहते थे कि वे इस पर तनिक भी ध्यान नहीं देते थे कि वे कैसे दिख रहे हैं, कपड़े कैसे हैं, किस रंग के हैं, साइज क्या है, ब्रांड क्या है'—कुछ नहीं देखते थे। अब भी ये वैसे ही हैं।'

उनके घरवालों ने कभी इन पति-पत्नी को झगड़ते नहीं देखा है। दोनों के बीच में एकदम सही समझ है। ओ.पी. मुंजाल का ध्यान कारोबार में होने की स्थिति में उन्हें मदद के लिए किसी बहुत समझदार और देखभाल करनेवाली महिला की ही जरूरत थी। वे काम के प्रति उनके समर्पण का आदर करती थीं। वे दौरों पर उनके साथ जाती थीं और डीलरों के परिवारों के साथ ठहरती थीं। जब कभी डीलर और उनके परिवार उनके घर आते तो वे उनके साथ अपने परिजनों की तरह का ही व्यवहार करती थीं। उन्होंने उनका घर बसाया और बच्चों की देखभाल की। उन्होंने सुनिश्चित किया कि घर में शांति रहे और घरेलू चिंताओं से उन्हें परेशान न होना पड़े।

ओमप्रकाश और सुदर्शन की पाँच संतानें हैं : नीरू, नीता, पूनम, पंकज और प्रियंका। पंकज चौथे नंबर के हैं। उनके जन्म के समय ओ.पी. ने कहा था, 'अब मेरी बेटियाँ सज जाएँगी।' वे इस बात से बहुत खुश थे कि उनकी बेटियों की देखभाल करने के लिए अब एक उनका भाई भी आ गया है। उस समय उस संस्कृति में लड़की के जन्म पर अधिक खुशी नहीं होती थी, लेकिन ओमप्रकाश ने अपनी लड़कियों को बहुत प्यार दिया। 'हमारे माता-पिता ने कभी हमारे साथ भेदभाव नहीं किया', दूसरी बेटी नीता कहती हैं। 'पढ़ाई या अन्य बातों में हम सबको समान सुविधाएँ दी गईं। हम सभी की पढ़ाई सबसे अच्छे बोर्डिंग स्कूलों में हुई।'

'हमारे माता-पिता ने हम सब पर बराबर ध्यान दिया और जब कभी हमें उनकी जरूरत पड़ी, वे हमेशा हमारे साथ रहे', प्रियंका का कहना है। 'उन लोगों ने हम पाँचों को बहुत अच्छी तरह से समान प्यार दिया। जब मैं स्कूल में थी, तब मेरी बड़ी बहन नीरू को मेरे स्पोर्ट्स डे से एक दिन पहले ही एक बच्ची हुई। मुझे बुरा लगा कि अब मेरे माता-पिता मुझे दौड़ते देखने के लिए नहीं आ पाएँगे, क्योंकि

उन्हें अपनी पहली नातिन को देखने बहन के घर जाना था। हालाँकि माता-पिता ने दोनों काम किए। वे सनावर आए और मेरी दौड़ देखी और फिर गाड़ी चलाकर वापस दिल्ली गए और फिर बहन को देखने हवाई जहाज से कोलकाता रवाना हुए! हालाँकि दौड़ में मैं जीत नहीं पाई थी, लेकिन उस दिन दुनिया में सबसे ज्यादा खुश मैं ही थी।'

बच्चों को सामान नहीं चाहिए होता है; उन्हें अपने माता-पिता का समय और देख-रेख की जरूरत होती है। जब यही न मिले तो सामान और खिलौने सब बेकार हो जाते हैं। 'हमारे पिता मेरी माँ को फोन पर बता देते थे कि वे खाने के लिए कितने लोगों को घर पर ला रहे हैं, और वे तुरंत खाने की तैयारी में जुट जाती थीं', तीसरी बेटी पूनम बताती हैं। 'मेहमानों को हमेशा आलू-पूरी परोसी जाती थी और बीजी खुद रसोई में दिलचस्पी लेती थीं। वे खाने के लिए रसोइयों को हुक्म नहीं देतीं; वे खुद रसोई में जाकर अपनी तरह का भोजन बनवाती हैं। पिछले कुछ सालों से उनकी खराब सेहत के कारण अब वे सिर्फ रसोई की देखरेख करती हैं, लेकिन पहले तो वे साथ में हम लोगों के बीच ही खाना बनवाती थीं और परोसती थीं।'

'हम सभी ने रिश्तों की अहमियत अपने माता-पिता से ही सीखी', प्रियंका कहती हैं। 'हमारे माता-पिता हमारे रोल मॉडल रहे हैं। हम सभी का वैवाहिक जीवन बहुत सुखी है। उनके संस्कारों के कारण ही हमारी वैवाहिक जिंदगियों में स्थायित्व और सुख बना हुआ है। हम सोचा करते थे कि हमारे माता-पिता बहुत हटकर हैं, लेकिन आपको पता है? अगर आप उन सिद्धांतों को अपनाएँ, जिन्हें वे अपनाते रहे हैं, तो आप भी वह सुख हासिल कर सकते हैं। मेरे माता-पिता ने सुखी पारिवारिक जीवन के लिए एक प्रतिमान स्थापित किया और हम उनके मानदंडों को बनाए रखने के लिए सबकुछ करते हैं। हमारी नींव और लालन-पालन इतना मजबूत था कि उनका काम और उनके मूल्य आज हमारे बच्चों को भी मिल रहे हैं।'

सभी बच्चे कहते हैं कि जब कोई एक बोलता है, तो बाकी सुनते हैं। 'मेरे पिता मेरी माँ की देखभाल के लिए समय निकालते हैं', पंकज कहते हैं। वे पूरा समय और ध्यान देते हैं। मेरी माँ भी उनके सरोकारों को सजीव रखने के लिए कुछ भी कर सकती हैं, ताकि वे खुश और प्रसन्नचित्त रहें। वे उनकी देखभाल करती हैं, ताकि वे हजारों अन्य परिवारों की देखभाल कर सकें। वे देखती हैं कि उनका हर काम समय पर हो, ताकि किसी के सामने उनकी बात खराब न हो। एक भी दिन ऐसा नहीं होता होगा, जब मेरे पिता इतनी सुंदर देखभाल के लिए मेरी माँ की

सराहना न करते हों।'

जब ओमप्रकाश काम के बाद घर लौटते हैं, तो काम को बाहर ही छोड़ आते हैं। वे कभी ओवरटाइम नहीं करते, वे ओवरटाइम में विश्वास ही नहीं करते। उनका मानना है कि अगर कोई समय में काम पूरा नहीं कर पाया तो वह अक्षम है और इस बात को वे गंभीरता से लेते हैं।

बाऊजी-बीजी में कभी झगड़ा क्यों नहीं होता? यह बहुत अच्छा लगता है, लेकिन सच्चाई यही है। ओमप्रकाश कहते हैं, 'लोगों में झगड़ा तब होता है, जब वे दूसरे के दृष्टिकोण को नहीं देखते। अगर आप दूसरे व्यक्ति का दृष्टिकोण देखें, तो आप उससे क्यों लड़ेंगे? मैं हमेशा अपनी पत्नी का दृष्टिकोण देख पाता हूँ और आमतौर पर वह सही ही होती है।' वे थोड़ा रुककर बोले। 'वह हमेशा सही होती है। आप प्यार के खिलाफ क्यों लड़ेंगे? जो सही है, उसके खिलाफ आप क्यों लड़ेंगे?' जो आदमी घर में असफल हो, वह काम में सफल कभी नहीं हो सकता। जीवन के एक क्षेत्र में फैला अँधेरा दूसरे क्षेत्रों में भी फैल जाता है। अगर घर टूटने की कीमत पर सफलता मिले, तो उससे बड़ी असफलता और कुछ नहीं हो सकती। सफलता क्या है, पैसा, और चार दिन का मान-सम्मान! अगर इसे उन लोगों के साथ नहीं बाँट सकते, जिनके लिए ये सब कमाया है तो ये सब किस काम का?

घर में सुख होने से ही काम में सुख हो सकता है। काम में सुख होने से ही सफलता मिलती है। ओ.पी. मुंजाल ने एक संतुलन बनाकर रखा है और इस विचार को गलत साबित किया है कि आपके पास केक हो भी न, और आप उसे खा भी लें।

अपने बच्चों के साथ वे बच्चे बने रहे। उन्होंने उनसे लाड़ तो किया, लेकिन उन्हें अपने इनाम खुद ही अर्जित करने का मौका भी दिया। उन्होंने बच्चों को कोई भी ऐसा काम और गतिविधि करने पर मजबूर नहीं किया, जिसे वे खुद पसंद न करते हों। उन्होंने बच्चों को खुद ही अपना भविष्य तय करने का मौका दिया। उन्होंने बच्चों को सिर्फ यही सलाह दी कि वे अपने दिलों की सुनें और अपने मूल्यों से समझौता न करें।

ओ.पी. मुंजाल के सारे बच्चे बहुत बड़े आशावादी हैं, उन्हें यह गुण अपने पिता से ही मिला है। उन्होंने यह सब उनके सिखाने से नहीं सीखा, बल्कि इसलिए सीखा क्योंकि वे खुद ही अपना जीवन एक निश्चित तरीके से जीते रहे।

एक बार पूरे परिवार ने गरमी की छुट्टियों में पिकनिक पर कश्मीर में खीर भवानी जाने का विचार किया। बच्चों, मित्रों और उनके परिवारों से चार कारें भर

गईं। ओमप्रकाश हमेशा की तरह अंतिम कार में होते हैं—सबसे पीछे। जब वे खीर भवानी पहुँचे तो उन्हें वहाँ किसी अच्छे रेस्टोरेंट या टॉयलेट की सुविधाएँ नहीं मिली और मौसम भी बहुत गरम था। ओमप्रकाश की कार सबसे अंत में पहुँचने वाली थी और जब वे बाहर निकले तो उनके चेहरे पर ऐसी उत्साहपूर्ण मुसकान आ गई जैसे वे स्वर्ग में पहुँच गए हों। उन्होंने ताजा हवा अंदर भरी और ऊपर नीले आकाश की ओर देखा। 'कितनी सुंदर है ये!' सारे लोग उनका उत्साह देखकर दंग रह गए, क्योंकि वे सब तो उस जगह की बहुत ज्यादा शिकायत कर रहे थे। वे प्रकृति, नजारे और आकाश में उड़ते पक्षियों को सराहते आसपास घूमने लगे। उन्होंने चाय और कुछ समोसे मँगवाए। चाय प्लास्टिक के कपों में थी और समोसे किसी अखबार से बनाई गई प्लेट पर रखकर दिए गए। उन्होंने छोटे से रेस्टोरेंट के मालिक की इस रचनाशीलता और मनोभावों की तारीफ की, जिसने इस दूरदराज स्थान पर गरम खाना खिलाने का तरीका खोज निकाला था। उनका उत्साह देखते ही देखते सभी में फैल गया, एक-एक करके ग्रुप के सारे लोग वहाँ के सकारात्मक पहलुओं को देखने लगे और सब वहाँ मौज-मस्ती करने लगे। जब किसी दिशा में कोई देखने लगता है, तो उसे वही दिशा दिखने भी लगती है। सब खेलने लगे, गीत गाने लगे, सबने अच्छा समय बिताया, जैसा कि मुक्त आत्माएँ विस्तृत आकाश और असीम धरती के बीच में करते हैं। जो लोग साथ गए थे, वे सब आज तक उस पिकनिक को अपनी सबसे अच्छी पिकनिक मानते हैं।

'मेरे पिता हर स्थिति में अच्छा पहलू तलाश लेते हैं। वे अच्छाई ढूँढ़ते नहीं हैं, वे बस उसे देखते हैं। वे सकारात्मक तरंगों से भरपूर हैं। हम सब उनके इन गुणों का आदर करते रखते हैं। जब कुछ गड़बड़ हो जाता है या कोई ऐसी चुनौती सामने आ जाती है, जिसमें हमें निराश होने की आशंका हो, तो हम अपने आपसे कहते हैं, ''पापा, इस स्थिति में क्या करते?'' और अचानक अच्छाई, अवसर और सबक—सब दिखने लगते हैं,' प्रियंका कहती हैं।

'जब हम बच्चे थे, तो हमारे पिता हम सबके साथ बहुत धीरज से काम लेते थे। एक बार मैं क्लास टेस्ट में फेल हो गई थी, क्योंकि मैं नहीं जानती थी कि हाइड्रोजन और ऑक्सीजन मिलकर पानी कैसे बनाते हैं। जब मेरे पिता को पता चला कि मैं टेस्ट में फेल हो गई हूँ तो उन्होंने मेरे पास एक पत्र भेजा, जिसमें उन्होंने अणुओं के मिलने से पानी बनने की प्रक्रिया का पूरा चित्र बनाकर समझाया था। उन्होंने मुझे न तो डाँटा-फटकारा और न ही कुछ बुरा-भला कहा। उन्होंने बस वह समझा दिया, जो मैं नहीं समझ पा रही थी। जब वे हमें कोई बात समझाना

चाहते थे, तो वे हमें उसे किसी कहानी के जरिए समझा डालते थे। इस प्रकार हम लोग कहानी सुनने के लिए बेताब रहते थे और असली मतलब भी अच्छी तरह से समझ जाते थे,' पूनम ने बताया।

'हमारे पिता दसवीं कक्षा से आगे नहीं पढ़े थे, लेकिन वे हम लोगों की पढ़ाई में शान महसूस करते थे। वे हम लोगों को अंग्रेजी में बात करने को कहते थे, जिससे कि वे अपने अंग्रेजी बोलने में सुधार कर सकें। उन्होंने अपनी भाषा और भाषण कला सुधारने के लिए एक पब्लिक स्पीकिंग क्लास भी ज्वाइन की थी। वे हम लोगों से पूछते थे कि हम लोगों ने स्कूल में क्या पढ़ा और इस तरह से वे अपना ज्ञान बढ़ाते थे,' पंकज बताते हैं।

ओमप्रकाश अपनी व्यावसायिक सफलता का श्रेय अपने पारिवारिक संस्कारों और पारिवारिक सहयोग को देते हैं। जब सारे स्तंभ मजबूत हों तो उन पर बननेवाला महल भी मजबूत होता है। हालाँकि, अगर एक भी स्तंभ कमजोर हो, तो पूरा साम्राज्य ही लड़खड़ाने लगता है। और ओमप्रकाश के परिवार ने साबित किया है कि उसके सारे स्तंभ बेहद मजबूत हैं।

□

6

स्कूली शिक्षा से आगे...

ज्ञान में किए गए निवेश पर ही सबसे ज्यादा ब्याज मिलता है।

—बेंजामिन फ्रैंकलिन

हालाँकि ओमप्रकाश दसवीं कक्षा से ज्यादा नहीं पढ़े थे, लेकिन उन्होंने अपने सारे बच्चों को सबसे अच्छे स्कूलों-कॉलेजों में शिक्षा दिलवाई। पंद्रह साल की उम्र में, जब उन्होंने दसवीं कक्षा पास की थी, उनके बड़े भाई ने उनसे कारोबार में हाथ बँटाने को कहा। ओमप्रकाश ने उनसे कहा कि वे पढ़ाई जारी रखने के इच्छुक हैं, लेकिन एक बार काम में लग जाने के बाद परिस्थितियाँ ऐसी बनीं कि उन्हें दोबारा स्कूल जाने का मौका नहीं मिल पाया। वे कारोबार में इतने ज्यादा डूब गए कि उन्हें फिर समय मिल ही नहीं पाया।

जब उनसे पूछा गया कि क्या काम के लिए पढ़ाई छोड़ देने का कोई अफसोस है, तो उनका उत्तर था, 'शिक्षा से कोई इनकार नहीं कर सकता। सीखने के अवसर से कोई इनकार नहीं कर सकता। जिंदगी सबसे बड़ी शिक्षक होती है और दुनिया सबसे बड़ा स्कूल होता है। इस स्कूल में हम सबका दाखिला जीवन भर के लिए होता है। स्कूल और कॉलेज की सीमा में बहुत सारे लोग, शिक्षा और पढ़ाई होती है। काम पर जुटने के बाद मैं स्कूल नहीं गया, लेकिन मैं जिंदगी के हर दिन कुछ-न-कुछ सीखता रहा हूँ। जब कुछ गड़बड़ी होती है, कोई ऐसी बात सामने आती है, जिसे मैं समझ न पाऊँ, तो मैं सीखता हूँ। मैं सीखता हूँ, परिपक्व होता हूँ और मैं काम बेहतर तरीके से निपटा पाता हूँ। जब मैं कोई गलती करता हूँ, तो मैं सीखता हूँ। मैं सीखता हूँ और परिपक्व होता हूँ। संकट का सामना करके मैं सीखता हूँ। मैं सीखता हूँ और मैं बेहतर हकीकत का निर्माण करता हूँ। मैं स्कूल जाने से चूक

गया, लेकिन मैं सीखने से कभी नहीं चूका।

'मेरा शिक्षा में विश्वास है। हर किसी को शिक्षा लेनी चाहिए। मैं लुधियाना में अनेक स्कूलों को सहयोग करता हूँ। जहाँ कहीं मुझे मौका मिलता है, मैं उन लोगों को पढ़ाई का अवसर उपलब्ध करवाता हूँ, जो इसका खर्चा वहन नहीं कर पाते। बहुत लोगों तक मैं नहीं पहुँच पाता और ऐसे लोगों को मेरा संदेश है, ''तुम भले ही पढ़ाई न कर पा रहे हो, लेकिन तुम्हें सीखने से कोई नहीं रोक सकता।'' विद्यार्थी होना तो अपने हाथ में होता है।'

'मेरे पास दिखाने के लिए कोई प्रमाण-पत्र नहीं है, लेकिन जब मैं पूरी तरह से चिंतामुक्त होकर सोने जाता हूँ, तो मैं जानता हूँ कि जिंदगी की दिन भर की परीक्षा में मैं पास हुआ हूँ। मैंने जो पाठ सीखे हैं, उनके ग्रेड मैं दिखा नहीं सकता, लेकिन जब मैं दर्पण में अपने आपको देखता हूँ तो मुझे गर्व महसूस होता है—मैं जानता हूँ कि दिन में मैंने बहुत अच्छे नंबर पाए हैं। मुझे ग्रेजुएशन कोट और काला हैट पहनने का अवसर तो नहीं मिला लेकिन जब मैं ठहाके के साथ, किसी भी मुश्किल के लिए किसी ईर्ष्या या दुर्भावना से परे, अपने दिन का समापन करता हूँ, तो मैं जानता हूँ कि मैंने बहुत पढ़ाई-लिखाई की है, मैं जानता हूँ कि मैंने अच्छी तरह जिया है।

'और तब, चूँकि मैं अच्छा विद्यार्थी हूँ, जिंदगी मेरे सामने एक अलग तरह की चुनौती रखती है और मेरी परीक्षा लेती है, मुझे खड़े रखती है—सीखने के लिए, स्नेह के लिए, जीने के लिए धकेलती है, बेहतर होने के लिए धकेलती है।'

ऐसे जगत् में, जहाँ लोग अपनी बुद्धिमत्ता और व्यावसायिक योग्यता को शिक्षा का खास स्तर बढ़ाकर दिखाने की होड़ में लगे रहते हैं और यहाँ एक छियासी साल का छात्र है, जो सीखने को तैयार है, परिपक्व होने के लिए बेताब है, और नए क्षितिज तलाशने को लेकर उत्साहित है। सफलता का लक्ष्य बनानेवाले हर किसी को, छाप छोड़ने को लक्ष्य बनानेवाले हर किसी को हर दिन अपने आप से यही पूछना चाहिए—'आज मैंने क्या सीखा?'

□

7

जिम्मेदारी की शक्ति

महान् होने की कीमत जिम्मेदारी होती है।

—विंस्टन चर्चिल

जब ओमप्रकाश पंद्रह साल के थे, तभी उनके नाजुक कंधों पर जिम्मेदारी आ गई थी। उनके भाइयों ने उन्हें अपने कारोबार में बिक्री की कमान सौंप दी थी। जब किसी ने अपनी जिंदगी और समय के लिए कुछ अलग सोच रखा हो, तो वह जिंदगी में इस तरह की खास भूमिका कैसे स्वीकार कर सकता था? युवावस्था के सुखों का त्याग करने को वह कैसे तैयार हुआ?

'यह सही है कि मेरे ऊपर काम थोपा गया था', वे कहते हैं, 'लेकिन मैंने उस जिम्मेदारी में जोश लगाया। जिस दिन से मैंने काम शुरू किया, उसके बाद से मैंने कभी पीछे नहीं देखा। मैं अपने बड़े भाइयों का आभारी हूँ, जिन्होंने मेरे अंदर जिम्मेदारी उठाने की क्षमता पहचानी। उस उम्र तक मुझे खुद इस बारे में पता नहीं था। मैं उनका आभारी हूँ कि उन्होंने मुझे अपनी उम्र से परे सोचने की चुनौती दी। अपने काम के लिए मैं उनका ऋणी हूँ, जिसने मुझे वह बनाया, जो आज मैं हूँ। अपने काम के जरिए ही मैंने लोगों के लिए प्यार पाया। काम के जरिए मैंने लोगों की सेवा का अपना उद्‌देश्य हासिल किया।

'जब आपसे किसी काम के लिए कहा जाता है, तो फिर आपकी उम्र कितनी भी हो, आप जिम्मेदारी से दूर नहीं भागते। आप यह नहीं कहते कि आपके पास समय नहीं है, क्योंकि आप अपनी जिंदगी में व्यस्त हैं। आप व्यापक हित और व्यापक अच्छाई को महत्त्व देते हैं। और उस योगदान के जरिए, आप उससे कहीं ज्यादा बड़े बन जाते हैं, जो आप अपने आप बन सकते थे।

'अगर मैंने जरूरत के समय कारोबारी जिम्मेदारी न उठाई होती, तो आज

तुम्हारे सामने कोई अलग ही व्यक्ति बैठा बात कर रहा होता। तुम्हारा काम खुद बोलता है। तुम्हारा काम ही तुम्हें बनाता है। तुम्हारा काम ही तुम्हें परिभाषित करता है। जो तुम करते हो, उसी से तुम जाने जाते हो। जब जिम्मेदारी तुम्हारा दरवाजा खटखटाए, तो तुरंत उठकर उसका स्वागत करो और उसे पूरा करो।

'कई लोगों को पारिवारिक जिम्मेदारी कंधों पर आ जाने के कारण अपने निजी पसंदों को किनारे करना पड़ता है। और उन्हें उस त्याग के लिए अफसोस भी रहता है। यह अफसोस उनके काम में झलकता है। निजी आकांक्षाएँ छोड़ने की उनकी अव्यक्त नाराजगी उनके काम में लापरवाही या उदासीनता के रूप में प्रकट होती है। जब आपने एक निर्णय ले लिया, तो फिर पीछे मत देखिए। उत्कृष्टता और जुनून विरासत में मिले गुण होते हैं। आप जो भी करते हैं, उसमें वे आपके साथ रहते हैं। उत्कृष्टता और जुनून से प्रेरित व्यक्ति उसी उत्साह से खाना बनाएगा, उसी उत्साह से घुड़सवारी करेगा, उसी फुरती से बरतन धोएगा, उसी उत्साह से घर चलाएगा। वह क्या करता है, इससे कुछ फर्क नहीं पड़ता—वह जो भी करेगा, समान उत्साह और जुनून के साथ करेगा। वही असली हीरो होता है। वह सच्चा लीडर होता है। जो इस बात का पछतावा करते रहते हैं कि वे क्या हो सकते थे, जो अपने किए त्याग के बारे में ही सोचते रहते हैं, वे लोग अपने अंतर्निहित जुनून और अपार ऊर्जा को कुचल चुके होते हैं। तुम ठीक वहीं हो, जहाँ तुम्हें होना चाहिए था। यहाँ से अच्छा कोई वहाँ नहीं है। हम सभी एक समान जमीन पर हैं। तुम जमीन के अपने हिस्से के साथ क्या करते हो, इसी से यह पता चलता है कि तुम क्या हो। अपने को जिम्मेदारी के शिकार समझकर अपनी शक्ति मत गँवाओ। उसके स्वामी बनकर अपनी शक्ति अर्जित करो।'

□

अविस्मरणीय पल।

संपूर्ण परिवार।

एक पिता के रूप में पंकज के स्कूल से पास-आउट होने की
रजत जयंती रीयूनियन में भाग लेते हुए।

आध्यात्मिक आशीर्वाद से व्यापारिक वृद्धि।

नेपाल से मलेशिया : परिवार व व्यवसाय साथ-साथ।

पूरे परिवार के साथ आत्मीयता के क्षण।

अभी भी साथ समय बिताने को तत्पर दो भाई ओ.पी. व बी.एम. मुंजाल।

मुंजाल परिवार के साथ हमेशा कदमताल करते ओ.पी. व उनकी धर्मपत्नी।

निर्धारित लक्ष्यों की प्राप्ति के लिए सतत कर्मशील ओ.पी. मुंजाल।

काव्यमय व व्यंग्य मिश्रित अभिभाषण से अपने डीलर्स को संबोधित करते ओ.पी. मुंजाल।

संपूर्ण ओ.पी. मुंजाल परिवार।

सदा क्रियाशील।

'हीरो' का प्रारंभ : बी.एम. मुंजाल, ओ.पी., दयानंद तथा सत्यानंद।

एक 'हीरो' का विनम्र अभिवादन।

एक पीढ़ी से दूसरी पीढ़ी को सौंपी जा रही विरासत।

8

मुंजाल बंधु : हीरो परिवार

मैंने अपनी आत्मा को खोजा, पर मुझे मेरी आत्मा नहीं मिली।
मैंने ईश्वर को खोजा, लेकिन मेरा ईश्वर मुझसे बचकर निकल गया।
मैंने अपने भाई को खोजा और मुझे वे तीनों मिल गए।

—अज्ञात

ओमप्रकाश छह भाइयों और एक बहन में सातवें नंबर के हैं। उनके बड़े भाई और बहन उन्हें छोटा नहीं समझते थे और न ही उनके साथ बच्चे जैसा व्यवहार करते थे, लेकिन ओमप्रकाश उनका आदर करते थे और बड़ों की तरह व्यवहार करते थे। उनके भाई उनकी प्रेरणा थे। 'मेरी बहन संतोष मेरी सबसे अच्छी दोस्त रही है।' वे बताते हैं। 'हम सभी उससे बहुत प्यार करते थे। वह हमारी ही तरह की है, लोगों की सेवा के लिए समर्पित। आर्य समाज की गतिविधियों में, आश्रमों के लिए धन जुटाने में और संत-महात्माओं को सहयोग देने में वह बहुत सक्रिय रहती है। वह बहुत आध्यात्मिक महिला है और उसने अपने सभी छह भाइयों की दुनिया रोशन की है।'

ओमप्रकाश के बचपन से लेकर उनके बड़े व्यापारी बनने तक के सफर में उनके भाई दयानंद उनके सबसे बड़े समर्थक रहे। दयानंद ने देखा कि ओमप्रकाश नकारात्मकता और निराशा से पूरी तरह से दूर हैं। अगर कुछ गलत होता तो दयानंद उसके उज्ज्वल पक्ष की ओर देखने में मदद करते और समस्या का समाधान सुझाते। यह गुण विरासत में ओ.पी. मुंजाल के चरित्र का भी हिस्सा बना। दयानंद हमेशा ओमप्रकाश की सराहना करते थे और उन्हें नित नई ऊँचाइयाँ छूने के लिए प्रेरित करते रहते थे। 1968 ई. में दयानंद का देहांत समूचे मुंजाल परिवार, खासकर ओमप्रकाश के लिए भारी क्षति थी।

'मैंने अपना एक मजबूत सहारा, अपनी सबसे बड़ी शक्ति खो दी थी', ओमप्रकाश बताते हैं। 'उनका बेटा विजय मुंजाल अपने पिता की जिम्मेदारी सँभाली और अपने पिता की इच्छाओं को पूरा करने के लिए, कंपनी को बचाने के लिए भरसक काम करता है। कई बार, जब मैं विजय को देखता हूँ, तो मुझे लगता है, जैसे मैं अपने भाई को देख रहा हूँ।' दयानंद की मौत असमय और अप्रत्याशित थी। लुधियाना में डीलरों के एक सम्मेलन के दौरान उन्हें सीने में दर्द की शिकायत हुई। हालाँकि वे रुकना नहीं चाहते थे, क्योंकि उस समय हीरो साइकिल्स का कारोबार चरम पर था। एक माह बाद उन्हें दिल का तेज दौरा पड़ा और वे गुजर गए।

सत्यानंद मुंजाल ओमप्रकाश के लिए पिता की तरह रहे। उनके शब्द, आशीर्वाद और निर्देश ओमप्रकाश के लिए धर्मसूत्र की तरह होते हैं। आज तक कभी ऐसा नहीं हुआ होगा, जब उनके भाई ने उनसे कुछ कहा हो और उन्होंने मना किया हो। बृजमोहन लाल अपने छोटे भाई के सबसे बड़े समर्थक थे। वे और ओमप्रकाश एक-दूसरे का बहुत सम्मान करते हैं और हीरो साइकिल्स की सफलता का श्रेय एक-दूसरे को देते हैं। जब उनसे पूछा जाता है, 'हीरो साइकिल्स को सफलता कैसे मिली?' बृजमोहन लाल कहेंगे, 'यह ओमप्रकाश की कड़ी मेहनत का नतीजा है।' और ओ.पी. कहेंगे, 'यह सब मेरे भाई की कड़ी मेहनत का नतीजा है।' हीरो साइकिल्स की सफलता में सभी भाइयों ने कंधे-से-कंधा मिलाकर काम किया। ओमप्रकाश ने शहर-शहर जाकर डीलरशिप का इंतजाम किया और बृजमोहन लाल ने अंतरराष्ट्रीय स्तर पर उसका विस्तार किया। हालाँकि दो अन्य भाई सत्यानंद और बालमुकुंद हीरो साइकिल्स के कारोबार में सीधे तौर पर शामिल नहीं थे, लेकिन वे उसमें शामिल अपने चार भाइयों का हमेशा सहयोग करते रहे। ओमप्रकाश अपने सारे भाइयों के प्रति समान स्नेह और लगाव व्यक्त करते हैं। 'मेरे भाई ही मेरी दुनिया हैं। वे मेरे इस जीवन की उपलब्धि हैं और मैं अंत तक उनकी सेवा करता रहूँगा,' वे कहते हैं।

जीवन के अधिकांश समय चारों भाई आस-पास ही रहे। उनकी गली 'हीरो की गली' ही कहलाने लगी थी। बृजमोहन लाल और ओमप्रकाश एक ही मकान में रहते थे और एक-दूसरे के बहुत निकट थे। 1991 ई. में ही बृजमोहन लाल अपने बेटे रमन मुंजाल की मौत के बाद लुधियाना से दिल्ली आए। रमन की मौत ट्रेडमिल पर जॉगिंग करते समय दिल का दौरा पड़ने से हुई थी। बृजमोहन लाल के लिए यह बहुत बड़ा आघात था, जिससे वे आज तक नहीं उबर पाए हैं।

'हीरो मेरे भाइयों की सोच और कड़ी मेहनत का नतीजा है,' ओमप्रकाश

बताते हैं। 'आज जो साम्राज्य दिखाई देता है, वह सब उनकी बदौलत ही है। हालाँकि हीरो ने दुनिया भर में अन्य कारोबार और कंपनियाँ स्थापित कीं, लेकिन मेरा दिल हीरो साइकिल्स के ही साथ है, क्योंकि इसमें मेरे सारे भाइयों की भावनाएँ, पसीना और आत्माएँ बसती हैं। मुझसे लोग अकसर पूछते हैं कि हीरो साइकिल्स की मेरे लिए क्या अहमियत है। मेरा उत्तर हमेशा एक ही रहा। हीरो साइकिल्स का मेरे लिए मतलब है, ''मेरे भाई''। जब मैं फैक्टरी में आता हूँ, तो मैं पूरे परिसर में हर जगह उनकी मौजूदगी का अहसास करता हूँ। हर कोने में, हर कदम पर, हर जगह से एक याद जुड़ी है, जिसमें भाईचारे, विश्वास, साहस और प्यार झलकता है।

'जब पूरे कारोबार का बँटवारा होने लगा तो मैंने हीरो साइकिल्स को चुना। मैंने कहा कि मुझे हीरो साइकिल्स के अलावा कुछ नहीं चाहिए। हीरो साइकिल्स का मतलब मुंजाल बंधु है। इसका मतलब मूल्य है। यह वह कंपनी है, जिसे मेरे भाइयों ने बनाया और मैं उनकी बनाई चीज को सँभालकर रखूँगा, उनकी बनाई चीज को कायम रखूँगा, मैं काम जारी रखूँगा और अपनी दुनिया का विस्तार करता रहूँगा। मेरा बेटा पंकज एक और हीरो है। वह अगली पीढ़ी का हीरो है, जो मशाल लेकर आगे चलता है। मेरे भाइयों ने जिस तरह से मुझे आगे बढ़ाया और मुझे इस मुकाम तक पहुँचाया, उसके लिए मैं कभी उनके प्रति पर्याप्त आभार नहीं जता सकता।'

□

9

अपेक्षाओं पर खरे उतरना

अपने काम के हिसाब से कभी अपनी अपेक्षाओं को नीचे मत गिराओ।
अपनी अपेक्षाओं के हिसाब से अपने काम के स्तर को ऊँचा उठाओ। अपने लिए सर्वोत्तम की अपेक्षा करो और फिर उसे हकीकत में बदलने के लिए जो भी जरूरी हो, वह करो।

—रेल्फ मार्स्टन

अपने भाई सत्यानंद से ओमप्रकाश को जो 'प्रशिक्षण' मिला, वह बहुत सरल था—दुकान चलाओ और ग्राहकों की सेवा करो। 'क्या तुम जानते हो, तुमसे क्या अपेक्षा की जाती है?' वे उनसे पूछते थे। 'क्या तुम अपनी जिम्मेदारी समझते हो? समझ सकते हो?'

'जी, मैं समझता हूँ,' ओमप्रकाश का जवाब था। 'अगर आप मुझ पर भरोसा करते हैं, तो मैं यह कर सकता हूँ, मैं इसे करूँगा।'

अगले तीन साल तक ओमप्रकाश ने दुकान सँभाली और ग्राहकों को साइकिल के कल-पुर्जे बेचे।

उदाहरण के लिए, 'जब कोई ग्राहक कुछ खरीदने के लिए आपके पास आता है, तो वह सिर्फ किसी उत्पाद की अपेक्षा नहीं करता। वह आपका ध्यान चाहता है, आपसे तालमेल चाहता है, आदर चाहता है। अगर आपने उस पर ध्यान दिया, उससे तालमेल बनाया और उसे आदर दिया, अपनी तरफ से आपने उसे पूरी अहमियत दी—चाहे वह आपसे सामान खरीदे या नहीं। जब लोगों को खास होने का अहसास होता है, तो लौटकर आपके पास आते हैं। इसका कारण यह नहीं कि

सिर्फ आपके पास ही उसकी जरूरत का सामान है, बल्कि शायद इसलिए क्योंकि सिर्फ आप ही उसे वह अहमियत देते हैं, जिसका वह पात्र है।'

और यह, 'मेरे भाई दयानंद ने मुझे सिखाया कि कभी गुणवत्ता, कीमत और सिद्धांतों से समझौता न करो। एक चीज में मोलभाव करने से दूसरी में भी मोलभाव का रास्ता खुलता है। मैंने इस पाठ को हमेशा अपने दिल से लगाए रखा है। हीरो साइकिल्स में इन सिद्धांतों का आदर किया जाता है। दुकान में काम करते समय मैं अपने सामान पर गर्व करता था और उनकी कीमत के बारे में मुझे विश्वास था। गर्व और विश्वास किसी विक्रेता के सबसे अच्छे औजार होते हैं।'

उन भाइयों ने अमृतसर में तीन सालों तक काम किया और विजयी टीम के रूप में उभरे। उन्होंने धन कमाया और पेशेवर रवैए तथा बेहतरीन उत्पादों के लिए प्रतिष्ठा अर्जित की। उन्हें इस बात का आभास नहीं था कि वे किसी ऐसे अनुभव से गुजरनेवाले हैं, जो उनकी जिंदगी को ही बदल देगा।

□

10

चुनौतियाँ भी जिंदगी का प्रमुख भाग हैं

चुनौतियों के जरिए ही आप अपने अंदर के उन गुणों से परिचित होते हैं, जिनके बारे में अन्यथा आपको पता ही नहीं चलता।

—सिसली टाइसन

1947 ई. में स्वतंत्रता तो मिली, लेकिन भारत और पाकिस्तान के रूप में देश का विभाजन भी हो गया। अमृतसर के भविष्य को लेकर आशंका पैदा हो गई।

अमृतसर पहले लाहौर का हिस्सा होता था और विभाजन के समय इसके भी टुकड़े हो गए और यह स्वतंत्र भारत का हिस्सा बन गया। हिंदू-मुसलिम दंगे चरम पर थे और लोग अमृतसर में अपने घर छोड़कर पाकिस्तान जाने या पाकिस्तान से जान बचाकर अमृतसर में आने पर बाध्य हो गए। स्वतंत्रता के समारोह के बाद हुए हिंदू-मुसलिम दंगे में हजारों लोगों को जान गँवानी पड़ी और अनेक बेघर हो गए। कई लोग अपने परिवार से बिछुड़ गए, कारोबार चौपट हो गए, सारी आशाएँ बिखर गईं।

जब शांति होनी चाहिए थी, तब युद्ध के बाद फिर से युद्ध छिड़ गया था। विभाजन के बाद हुए विनाश से उबरने में अमृतसर को सालों लग गए। विनाश का असर इतना ज्यादा था कि कई लोग भावनात्मक रूप से ही टूट गए और सफलता की राह दोबारा नहीं तलाश पाए।

ओमप्रकाश के माता-पिता कमलिया में थे, जो अब पाकिस्तान का हिस्सा बन गया था। वे लोग वहाँ से नहीं हटना चाहते थे। जब सारे अनुरोध बेकार गए तो दिल्ली में सरकारी नौकरी कर रहे सत्यानंद उन्हें अमृतसर लाने के लिए खुद

कमलिया गए। मुंजाल परिवार कमलिया से आनेवाली आखिरी ट्रेन में रवाना हुआ और सारे परिवार का अमृतसर में फिर से मेल हो गया।

हालाँकि, सुख-शांति अमृतसर से दूर ही बनी रही। दो मुंजाल बंधुओं का सफल और विकसित होता कारोबार रातोरात ठप पड़ गया और कुछ ही सप्ताह में हँसता-खेलता जीवंत शहर शरणार्थियों का शिविर बनकर रह गया। पहले की हालत में आने में सालों लगने थे। मुंजाल परिवार समझ गया कि अमृतसर में अब कुछ नहीं बचा है और उन्होंने हिम्मत जुटाई, संकल्प किया और आगरा में कारोबार जमाने का निश्चय किया। दोबारा सुंदर भविष्य की रचना की नींव रखनी शुरू कर दी।

अमृतसर छोड़ने से पहले उनके एक सप्लायर करमदीन ओमप्रकाश से मिले। करमदीन मुंजाल बंधुओं को सीटें सप्लाई करते थे, जबकि वे जानते थे कि हिंदुओं और मुसलमानों के बीच, खासकर व्यापार के क्षेत्र में, गहरी खाई थी। हालाँकि ओमप्रकाश ने राजनीतिक और धार्मिक बंदिशें तोड़ दी थीं और करमदीन को अपने भाई और कारोबारी भागीदार के रूप में स्वीकार किया था। अमृतसर पर अब विभाजन थोपा जा चुका था और करमदीन अपना सामान बाँधकर पाकिस्तान जाने को तैयार थे। 'तुम्हारी सहृदयता और तुम्हारे स्नेह के बदले तुम्हें देने के लिए मेरे पास कुछ भी नहीं है', उन्होंने ओमप्रकाश से कहा, 'लेकिन जाते समय अपनी ओर से मैं भेंट के रूप में तुम्हें अपनी कंपनी हीरो का नाम तुम्हें देता हूँ। यह तुम्हारे ऊपर जमता है।' ओमप्रकाश को यह बात छू गई और वे इस भाव से बहुत प्रभावित हुए।

सत्यानंद ने दिल्ली में सदानंद के कारोबार में हाथ बँटाना शुरू कर दिया, जबकि बृजमोहन लाल कारोबार के अवसर तलाशने मुंबई चले गए। दयानंद और ओमप्रकाश आगरा चले गए और फिर से नीचे से शुरुआत की। हालाँकि कुछ ही महीनों के कड़े परिश्रम के बाद उन्हें समझ आ गया कि आगरा आने का निर्णय सही नहीं रहा। उन्होंने अब चहल-पहल भरे लुधियाना शहर में जाने का निर्णय किया, जो कि साइकिल उद्योग के लिए मशहूर था।

दयानंद ने अब बृजमोहन लाल और सत्यानंद के कारोबार में जुड़ने की बात की, तो वे तुरंत तैयार हो गए। वे दिल्ली से लुधियाना आ गए और चारों भाइयों ने एक कंपनी बनाई जो 'मुंजाल ब्रदर्स' के नाम से फली-फूली और विकसित हुई।

इन भाइयों ने बेजोड़ तालमेल के साथ काम किया। वे अपने काम को अच्छी तरह से जानते थे और अपने कारोबार के जरिए अर्जित विश्वास के संरक्षक थे।

ओमप्रकाश के हवाले बिक्री का काम था। सत्यानंद रोजमर्रा के काम की कमान सँभाले थे। दयानंद के हवाले प्रशासन और बही-खातों का काम था। और बृजमोहन लाल कंपनी के विस्तार के काम को देखते थे। समूचे उद्योग की कुंजी चारों भाइयों के आपसी विश्वास में थी।

स्थापित होने के कुछ माह के अंदर ही बृजमोहन लाल ने कारोबार के भारत के अन्य हिस्सों में विस्तार का प्रस्ताव किया। चूँकि ओमप्रकाश बिक्री में माहिर थे, इसलिए उन्हें लुधियाना से बाहर साइकिल के कल-पुर्जों को बेचने के काम पर भेजा गया। कपड़ों के एक व्यापारी ने उन्हें बताया कि राजस्थान का बाजार बहुत अच्छा है, इसलिए उन्होंने अपना सामान बाँधा और अगली ट्रेन से राजस्थान रवाना हो गए। लेकिन पता चला कि वहाँ के संभावित ग्राहक उनसे सामान खरीदने में खास दिलचस्पी नहीं रखते थे। बाजार में बहुत सारी स्थापित कंपनियाँ थीं और उनके सामने एक नई कंपनी का उन्नीस साल का चीफ सेल्स रिप्रेजेंटेटिव खड़ा था। जाहिर था कि उनका बहुत अच्छा स्वागत नहीं हुआ।

दस दिन गुजर गए और ओमप्रकाश को एक भी ऑर्डर नहीं मिला। उन्हें जल्दी ही समझ में आ गया कि राजस्थान कपड़ों के लिए बहुत अच्छा बाजार हो सकता है, लेकिन साइकिल के कल-पुर्जों के लिए वैसी स्थिति नहीं है। उन्हें निर्णय लेने में गलती हुई थी, जिससे उन्होंने एक खास सबक सीखा—दूसरी राह पर चलनेवालों का अनुसरण नहीं करना चाहिए। किसी एक कारोबार के लिए कोई रास्ता या बाजार अच्छा हो सकता है, लेकिन जरूरी नहीं कि वह दूसरे कारोबारों के लिए भी अच्छा ही हो।

तभी उनके सामने एक और बाधा आई। उन्हें अपने भाई सत्यानंद का तार मिला—'तुम इस काम में बेकार लग रहे हो, वापस आ जाओ।' ओमप्रकाश अपने भाई की निराशा से बहुत परेशान हुए। वे उन्हें नीचा नहीं दिखाना चाहते थे।

उन्होंने उन शुरुआती दिनों में चुनौतियों और बाधाओं का सामना किया, कई बार अपमान भी झेला, लेकिन ओमप्रकाश की प्रेरणा तो अदम्य भावनावाले स्वतंत्रता सेनानी थे। वे अपनी जान दे देते थे, लेकिन पीछे नहीं हटते थे। उनका उद्देश्य अपने आपसे बहुत बड़ा था। उनके दृढ़ विश्वास की यही शक्ति थी और उनके संकल्प की यही ताकत थी। वे डटे रहे।

पूरा बाजार छान लिया, लेकिन कहीं सफलता नहीं मिली। ओमप्रकाश ने सामान बाँध लिया, लेकिन वे घर नहीं गए। वे कानपुर पहुँचे। वे रेलवे स्टेशन पहुँचे और अपना सूटकेस खींचते हुए बाजार की ओर चल दिए। सबसे पहले वे

जहाँ गए, वहाँ से उन्हें कोई ऑर्डर नहीं मिला, लेकिन वहाँ ओमप्रकाश ने अपना सूटकेस रखने की अनुमति माँगी, क्योंकि वे उसी दिन अन्य दुकानदारों के पास भी जाना चाहते थे और शाम को वापस लौटना चाहते थे। जब ओमप्रकाश शाम को लौटे तो दुकानदार शटर बंद कर रहा था। उन्होंने उससे शटर खोलने और सूटकेस निकालने देने का अनुरोध किया, क्योंकि उसमें उनका सारा सामान रखा था, लेकिन उस आदमी ने इनकार कर दिया और सुबह आने को कहा। वे एकदम अपरिचित शहर में थे और उनका सूटकेस दुकान के अंदर रखा था। उनके भाई की निराशा उनके मन में तैर गई। ओ.पी. मुंजाल ने निराशा को अपने ऊपर हावी नहीं होने दिया। उन्होंने अपने लक्ष्य यानी सेल्स ऑर्डर पाने पर नजर जमाए रखी और कोई शिकायत नहीं की।

जब अपेक्षाएँ हो जाती हैं, प्रण हो जाए तो उसे पूरा भी होना चाहिए। रास्ते में आनेवाली चुनौतियाँ किसी मालिक, व्यापारिक सहयोगी या कर्मचारी के लिए कोई समस्या नहीं रह जातीं।

अगर आपने किसी माउंटेन बाइक का ऑर्डर दिया है, तो फिर आपको इस बात से कोई लेना-देना नहीं रह जाता कि बनानेवाले को उसमें कितनी चुनौतियाँ झेलनी पड़ती हैं। अगर निर्माता आपको हर रोज की समस्याओं और परेशानियाँ बताने लगे तो क्या होगा? ओमप्रकाश इस सच्चाई को अच्छी तरह से जानते थे। उनका काम कल-पुर्जे बेचना था और कंपनी के लिए ऑर्डर लाना था। अगले दिन एक संभावित ग्राहक ने ओमप्रकाश की बेइज्जती की और उन्हें दुकान से बाहर निकाल दिया। शाम को ओमप्रकाश फिर से उसकी दुकान पर गए और अपनी बारी का इंतजार करने लगे। दुकानदार ने उन्हें पहचान लिया। 'तुम फिर आ गए? बात समझ में नहीं आती क्या तुम्हें? मुझे तुमसे माल नहीं लेना है!' दुकानदार ने उन्हें डाँटा और फिर से बाहर निकालने लगा।

'एक बार आप मेरा माल देख लेंगे तो आप मुझसे माल लेंगे,' ओमप्रकाश ने अदम्य विश्वास के साथ जवाब दिया।

उस शाम ओमप्रकाश उसी आदमी से एक बड़ा ऑर्डर लेकर गेस्टहाउस के अपने कमरे में लौटे, जिसने कुछ ही देर पहले उनकी बेइज्जती की थी। अगले दस दिनों तक उन्होंने ऑर्डर-पर-ऑर्डर बुक किए। हर दिन वे अपने भाइयों को तार के जरिए ऑर्डर भेजते रहते।

उनके भाई बहुत खुश थे। उन्होंने उन्हें एक काम सौंपा था, जिसे उन्होंने पूरा कर दिखाया था। उन्हें इसमें जो चुनौतियाँ झेलनी पड़ीं, उनके बारे में उन्होंने कुछ

नहीं बताया। वे समस्याएँ तो उनकी अपनी थीं, किसी और की नहीं। उनके लिए सबसे बड़ा गौरव का पल तब आया, जब उनके भाई ने उन्हें तार भेजकर कहा, 'तुम कारोबार के इंजन हो, जो इसे चला रहे हो। लगे रहो।'

आज का कॉरपोरेट जगत् ऐसे प्रबंधकों से भरा पड़ा है, जो अपनी टीम की समस्याओं के बोझ से लदे रहते हैं—वे समस्याएँ उनकी पैदा की हुई नहीं होतीं। उनका काम सिर्फ समस्याएँ सुलझाना रह गया है। जिस संगठन में बड़े अधिकारी अपने कर्मचारियों की मुसीबतें सुलझाने में ही लगा रहेगा, वह तो असफल होगा ही। हालाँकि, जब वादे समय पर पूरे होते हैं तो किसी को वे चुनौतियाँ बोझ नहीं लगतीं, जो काम के दौरान सामने आती हैं और ऐसे ही समय में लीडर पैदा होते हैं।

बेचना, जीने की तरह ही आसान नहीं है। कई अड़चनें आती हैं, अपमान होता है, चुनौतियाँ होती हैं। और जब इन सबका सामना करके कोई अपना रास्ता बनाता रहता है और संकल्प के साथ लगा रहता है, सालों बाद उसकी जगह एक पूरा साम्राज्य खड़ा हो जाता है। उन्नीस वर्षीय ओमप्रकाश सारी बाधाओं के बाद भी डटे रहे, सारे प्रतिरोधों और निराश करनेवाली बातों के बावजूद वे लगे रहे। उनका संकल्प अधिक मजबूत निकला। वे दोबारा आए। और अधिक कड़े परिश्रम के साथ प्रयास किया। जिद के सामने प्रतिरोध को हारना पड़ता है।

निर्णायक सफलता किसे कहते हैं? कब तक किसी को डटे रहना चाहिए और कब छोड़ देना चाहिए? वह कौन सी दहलीज है, जिसके पास किसी को अपने काम पर फिर से विचार करना चाहिए? लक्ष्य पाने लायक है या नहीं, यह तय करने के लिए अपने आपको कितना खींचना चाहिए? अगर किसी की कोई सीमा है, तो वह कभी लक्ष्य नहीं पा सकेगा। अगर किसी ने एक रेखा तय कर ली है कि उसके आगे वह हार मान लेगा, तो उस रेखा की मौजूदगी ही उसकी हार का पर्याय है।

सफलता मिलने तक प्रयास करते ही रहना चाहिए। संभावित ग्राहक जब तक वास्तविक ग्राहक न बन जाए, तब तक आपको लगे ही रहना चाहिए। जब तक दरवाजा खुले न, तब तक 'खट-खट' करते ही रहो। जब तक मिल न जाए, माँगते रहो। अपने शरीर की अंतिम साँस तक कोशिश करते रहो। इन्हीं सब बातों से हीरो बनते हैं।

बाजार में कदम जमाने के कुछ ही सप्ताह के अंदर ओमप्रकाश ने इतने ज्यादा ऑर्डर ला दिए कि मुंजाल बंधुओं के लिए उन्हें सँभालना मुश्किल हो गया।

अपने भाइयों के लिए उन्होंने मुश्किलें खड़ी कर दीं—बड़ी भारी मुसीबत खड़ी कर दी। वे इतने माहिर हो गए थे कि अब वापस स्कूल जाने की कोई जरूरत ही नहीं रह गई थी। अपने भाई की अपेक्षा पूरी करने के बाद वे अपने आप से बड़े हो गए थे। और 1944 ई. की गरमियों में उनके मित्र जितने बड़े हुए, उससे भी वे निश्चित रूप से ज्यादा बड़े हुए।

□

11

हर चुनौती पर विजय

चुनौतियाँ ही जीवन को दिलचस्प बनाती हैं, उनसे पार पाने से ही जीवन सार्थक होता है।

—जोसुआ जे. मैरीन

साइकिल के कल-पुर्जों के स्थापित केंद्र लुधियाना शहर में बिलकुल नीचे से शुरू करके कारोबार जमाने के लिए बहुत साहस और दृढ़ता की जरूरत थी। भविष्य पर नजरें तभी जमाई जा सकती हैं, जब अतीत से नजरें हटाई जाएँ। विभाजन के समय अमृतसर में जो अमानवीयता और उन्माद की कुरूप सच्चाई उन्होंने देखी थी, उससे ध्यान हटाने के लिए बहुत मजबूत दिल चाहिए थे।

मुंजाल बंधुओं ने कभी साहस या उत्साह नहीं खोया। वे होशियार और प्रतिबद्ध थे। उन्होंने हीरो साइकिल्स के रूप में अपना नाम दोबारा स्थापित करने के लिए कड़ी मेहनत की। हालाँकि चुनौतियाँ दोबारा उभरीं, इस बार समय पर माल पहुँचाने की उनकी शानदार प्रतिष्ठा को खतरा हो गया था। उन्हें साइकिल के जरूरी पुर्जे-काँटे और पाइप सप्लाई करनेवाले विक्रेताओं ने ऑर्डर पूरा करने में देरी करनी शुरू कर दी। इसका कारण यह था कि उन्हें लोहा सप्लाई करनेवाले भी माल देर से पहुँचा रहे थे। मुंजाल बंधुओं ने पुर्जों की डिलीवरी की पूरी उत्पादन श्रृंखला को देखा तो पाया कि कहीं ईमानदारी में कमी थी, जिससे समय पर माल पहुँचाने की उनकी योग्यता कमजोर हो रही थी।

ऐसे में ओमप्रकाश ने अपनी बाँहें चढ़ाईं और समस्या की जड़ तक पहुँचे। उन्होंने ऐसे व्यक्ति की तलाश की जो उन्हें लोहा सप्लाई कर सके और बृजमोहन लाल को तकनीकी जानकारी दे सके। उन्होंने काँटे और पाइप खुद अपनी ही कंपनी में बनाने शुरू कर दिए। यह बहुत कारगर समाधान था और हीरो साइकिल्स

दोबारा ढर्रे पर आ गई और उसने फिर से समय पर माल पहुँचाने की अपनी प्रतिष्ठा अर्जित कर ली। अपनी खुद की उत्पादन इकाई के कारण उन्हें हीरो साइकिल्स के लिए पर्याप्त ऑर्डर मिल गए।

हालाँकि, निश्चित रूप से आपदा ने फिर से सिर उठाया और अशुभ घटना घट गई। हुआ यह कि साइकिल के काँटे की वेल्डिंग चटक गई और पाइप काँटे से टूटकर अलग हो गए। जब ग्राहकों ने सारे ऑर्डर और माल वापस कर दिए तो सारे भाइयों ने अपने संसाधन जुटाए और ग्राहकों के पैसे लौटा दिए—बिना कोई सवाल किए। उनके कारोबार के लिए यह बहुत बड़ा झटका था और वे नुकसान को होते देखते रहे।

ऐसे में कोई क्या करता? जब पूरा कारोबार चरमरा रहा हो, तो कोई क्या करता? बेचा जा चुका पूरा माल वापस लौट आए, तो कोई क्या करता? अधिकांश मामलों में तो आगे के नुकसान को रोकने के लिए कारोबार ही ठप कर दिया जाता है। करीब 80 प्रतिशत व्यवसाय पहले ही साल में इसी तरह से बंद हो जाते हैं।

अनेक लोगों को बस इसी कारण से कारोबार फैलाने में डर लगता है—क्योंकि उन्हें भविष्य में अनजानी असफलता का खतरा रहता है। अनेक लोग वहीं बने रहते हैं, जहाँ वे हैं और कभी अपने पंख नहीं फैलाते और न ही उड़ने की कोशिश करते हैं, क्योंकि गिरने की आशंका उनके मन में छाई रहती है। ऐसे में बहुत सारे प्रतिभावान और योग्य लोग अपनी योग्यता से नीचे ही रह जाते हैं, क्योंकि उन्हें खोने का डर रहता है।

मुंजाल बंधुओं ने खतरा उठाया था—उन्होंने पंख फैलाए थे और खुद ही साइकिल के पुर्जे बनाने की हिम्मत की थी और असफल रहे थे। हालाँकि वे अपने मकसद में असफल हुए थे, लेकिन उन्होंने ग्राहकों का भरोसा नहीं खोया था और इसका कारण उनकी महान् सत्यनिष्ठा थी।

ओ.पी. मुंजाल अकसर कहते हैं, 'असफलता तो सफलता की ओर एक कदम मात्र है। असफलता का मतलब खत्म होना नहीं होता। असफलता तो सुधार के लिए एक संकेत है, ताकि भविष्य की अपनी अपेक्षा को सही तरह से पूरा किया जा सके। ऐसी अपेक्षा, ऐसा सपना जिसे पहले किसी ने नहीं देखा या किया। असफलता, अड़चन और चुनौती को सीखने और आत्म-विश्वास बढ़ाने के लिए इस्तेमाल किया जाता है। असफलताएँ और बाधाएँ हमें रोकने या विचलित करने के लिए नहीं होतीं—वे हमें सिखाने में मदद करने के लिए होती हैं, ताकि हम अपने रास्ते पर आगे बढ़ते रह सकें। हालाँकि भोला-भाला स्वप्नदर्शी सही काम

करने में असफल हो जाता है, क्योंकि वह असफलता को अंतिम निर्णय मान लेता है और सपने को पूरा कर पाना असंभव मान लेता है। और ऐसे लोगों के लिए चुनौतियों को पराजित कर पाना, सही काम कर पाना हमेशा सरल नहीं होता।'

कंपनी घाटे में हो तो विक्रेताओं का भुगतान रुक जाना आम बात है। कंपनी के गलत वित्तीय निर्णयों के कारण कर्मचारियों का भुगतान रुक जाना आम बात है। यही कारोबार का दबाव होता है।

समय से पहले दिल का दौरा पड़ने का यह कारण है। इससे लोगों के स्वरूप और भावनाओं पर भी असर पड़ता है। क्या ऐसे लोगों के साथ काम करना सुखद नहीं होता जो अपनी समस्याओं को आपके ऊपर जाहिर नहीं होने देते? क्या ऐसे सप्लायरों, डीलरों, मालिकों और सहयोगियों के साथ काम करना किसी वरदान से कम है जो किसी भी तरह की गलती की जवाबदेही खुद स्वीकार करें और उससे होनेवाले किसी भी तरह के नुकसान का असर आप पर न पड़ने दें?

हीरो साइकिल्स के ग्राहकों के साथ बहुत अच्छा व्यवहार किया जाता है। उनके साथ जिम्मेदाराना व्यवहार किया जाता है। उनका विश्वास मुंजाल बंधुओं में बना रहा और बहुत बड़े घाटे के समय भी ग्राहकों का पूरा ध्यान रखा गया।

मुंजाल बंधुओं ने, जो सम्मान-प्रतिष्ठा अर्जित की, वह इस आम धारणा का नतीजा है कि उनके हाथ में आपके सपने, आपका पैसा, आपका कारोबार और आपका जीवन सुरक्षित है। वे आपको गिरने नहीं देंगे, चाहे उन्हें कितने भी बुरे दिन क्यों न देखने पड़ें।

□

12

जब जिंदगी आपको गिरा दे, फिर उठ खड़े होइए

कोई व्यक्ति अनेक बार असफल हो सकता है, लेकिन जब तक वह किसी और को दोष नहीं देता, तब तक वह सचमुच असफल नहीं कहला सकता।

—जॉन बरोफ्स

नुकसान की कठिनाई से कारोबारी का आत्म-विश्वास डगमगा जाता है और वह जड़ होकर रह जाता है। ओमप्रकाश ने गलती सुधारने का निश्चय किया। उन्होंने फिर से सब बनाने का निश्चय किया। उन्होंने गलती से सीखने और अगली बार बेहतर करने का निश्चय किया। सवाल यह था कि साइकिल के लिए गुणवत्तापूर्ण और टिकाऊ काँटे और पाइप कैसे बनाए जाएँ।

कोई औपचारिक तकनीकी शिक्षा न होने कारण, सिर्फ सामान्य समझ और बुद्धि के सहारे काम कर रहे मुंजाल बंधुओं ने ऐसे आदमी की तलाश की, जो छोटे उत्पादन का काम कर चुका हो और खासतौर पर उनके लिए पुर्जे बना सके। इससे उनकी लागत बढ़ गई, लेकिन वह क्वालिटी उन्हें मिल गई जिसकी उन्हें जरूरत थी।

इसके बाद भी अपने नुकसान से उबरने के लिए उन्होंने परिवार और मित्रों से कर्ज लिया और दोबारा सिर उठाया, क्योंकि अब वे नया और बेहतर गुणवत्तावाला माल दे रहे थे। उन्होंने अपने व्यापारिक सहयोगियों पर नुकसान का कोई बोझ नहीं पड़ने दिया था, इसलिए जब ओमप्रकाश अपने नए पुर्जे लेकर ग्राहकों के पास गए तो उन्होंने उनका माल ले लिया।

संकट का सामना करने के तरीके से ही तय होता है कि संकट से कैसे

निकला जाएगा। जब कोई मुसीबत में हो तो वह दूसरों को भी अपने साथ फँसा लेता है। कहा जाता है कि जब टाइटेनिक जहाज डूबा तो उस पर सवार 1500 लोग भी डूब गए थे। कुछ व्यापार और लोग भी ऐसे ही होते हैं। जब वे घाटे में जाते हैं तो वे आपको भी डुबो लेते हैं। संकट के समय उनका दर्शन यही होता है—अगर मुझे घाटा होगा, तो तुम्हें भी होगा। यह ऐसी मानसिकता है, जिसकी राह सीधे असफलता की ओर जाती है और वापस सफलता की ओर आने का कोई रास्ता नहीं होता। हालाँकि जब आप अपनी पैदा की गई मुसीबत से दूसरों को बचाते हैं तो आपके लिए अनेक दरवाजे दोबारा खुल जाते हैं। सफलता के लिए भरोसा बहुत बड़ा कारक है। अगर लोगों को यह विश्वास है कि आप उन्हें किसी भी तरह का नुकसान नहीं होने देंगे, अपनी गलतियों से होनेवाले नुकसान से उन्हें दूर रखेंगे, तो आप चाहे जितनी बार गिरें, लोग आपकी मदद करते रहते हैं।

मुंजाल बंधु दोबारा व्यापार में सफलता के उसी मुकाम पर आ गए, जहाँ वे बेजोड़ टीमवर्क, अखंड सत्यनिष्ठा और सिद्धांतों के प्रति दृढ़ता के साथ पहले पहुँचे थे।

□

13

नई संभावनाओं की खोज

बिना निरंतर विकास और प्रगति के सुधार उपलब्धि और सफलता जैसे शब्दों का कोई अर्थ नहीं होता।

—बेंजामिन फ्रैंकलिन

ओमप्रकाश अपनी कंपनी की नई संभावनाओं के विस्तार के लिए कोलकाता जाना चाहते थे। उनके भाई उस बाजार के खास पक्ष में नहीं थे, क्योंकि उन्हें लगता था कि पूर्व में व्यापार की खास गुंजाइश नहीं है। हालाँकि ओ.पी. ने कहा, 'मुझ पर भरोसा कीजिए,' और चर्चा यहीं पर समाप्त हो गई। उन्होंने एक तरफ का टिकट लिया और कोलकाता रवाना हो गए। दो सप्ताह के अंदर ही वे हीरो साइकिल्स के इतिहास का उस समय तक का सबसे बड़ा ऑर्डर लेकर आ गए।

उनके अंदर यह मजबूत विश्वास कहाँ से आया? यह विश्वास कहाँ से पैदा हुआ? उन्होंने उस बाजार में जाने का साहस कहाँ से जुटाया, जहाँ अन्य लोगों को असफल होने की आशंका दिख रही थी?

'मुझे भी उस बाजार से बहुत ज्यादा उम्मीदें नहीं दिख रही थीं,' ओमप्रकाश ने कोलकाता में एक सम्मेलन में बताया था। 'लेकिन मैं जानता था कि अगर मैंने अपने भाइयों से कोई वादा किया है, तो मैं उसे पूरा करने के लिए धरती-आकाश एक कर दूँगा और उनकी बात खराब नहीं होने दूँगा। ऐसे में मैंने तय किया कि मैं कोलकाता को आजमाकर देखता हूँ और मालूम करता हूँ कि मैं कहाँ खड़ा हूँ, मेरा विश्वास ठोस था या डगमगानेवाला था। आखिरकार मैंने सफलता पाई।'

ओ.पी. मुंजाल इंतजार नहीं करते कि जिंदगी उन्हें चुनौती दे—वे खुद जिंदगी को चुनौती देते हैं। और उन्होंने न केवल चुनौतियों का सामना किया, बल्कि उन्हें परास्त भी किया। अपने विश्वास और जुनून की मजबूती परखते हुए उन्होंने विकास की अडिग नींव स्थापित की।

□

14

अवसर लाभ उठाने के लिए ही होते हैं

असाधारण अवसरों का इंतजार मत करो। साधारण अवसरों को ही हथियाओ और उन्हें ही बड़ा बना डालो। कमजोर लोग अवसरों का इंतजार करते हैं; मजबूत लोग खुद अवसर बनाते हैं।

—ओरिसन स्वेट मार्डन

जब कभी अवसर मिलते हैं, ओमप्रकाश और उनके भाई उन्हें स्वीकार करते हैं। साइकिल के कल-पुर्जे बेचने से लेकर साइकिल के कल-पुर्जे बनाने तक का सफर उनके लिए बड़ा कदम था, लेकिन 1952 ई. में एक अवसर आया जिसने हीरो साइकिल्स और तद्नुसार उनके मालिकों का भाग्य बदल दिया।

उस साल बृजमोहन लाल को पंजाब के मुख्यमंत्री प्रताप सिंह कैरों से मिलने का अवसर मिला। श्री कैरों ने मुंजाल बंधुओं की काफी तारीफ सुन रखी थी और उस मुलाकात में उन्होंने युवा बृजमोहन लाल को एक ऐसा सुझाव दिया, जिसमें बड़ा भारी बदलाव लाने की संभावना निहित थी।

'तुम साइकिल के कल-पुर्जे पहले से ही बनाते आ रहे हो', उन्होंने कहा। 'तुम खुद साइकिल असेंबल करने का काम क्यों नहीं करते? साइकिलें बनाओ। मैं तुम्हें लघु आयात का लाइसेंस दिलाता हूँ।'

बृजमोहन लाल तकनीकी रूप से बहुत प्रतिभावान थे। उन्हें अपनी कंपनी की क्षमता का अंदाजा लगाने में एक ही पल लगा और उन्होंने कह दिया कि वे बड़े उद्योग का लाइसेंस लेना चाहेंगे, जिससे वे साल में 7500 साइकिलें बना सकें। (उस समय तक साइकिल के कल-पुर्जे भारत में नहीं बनते थे और उन्हें इंग्लैंड से आयात करना पड़ता था, ऐसे में साइकिल निर्माता के लिए आयात लाइसेंस जरूरी

होता था।) उनके लिए लघु उद्योग बहुत छोटी बात थी।

उस समय की साइकिल की मौजूदा दिग्गज कंपनियाँ राले और हर्क्यूलिस का एक तरह से कारोबार में एकाधिकार था और उनसे टक्कर लेने का एकमात्र तरीका बड़े स्तर पर काम शुरू करना ही था। श्री कैरों बृजमोहन लाल के आत्मविश्वास को देखकर विस्मित रह गए। उन्होंने तो उस युवा को सिर्फ एक विचार और लघु स्तर के लाइसेंस का प्रस्ताव दिया था और उसने न केवल उस अवसर को हथिया लिया, बल्कि उससे भी ज्यादा की माँग कर डाली। श्री कैरों ने वहीं पर बड़े स्तर के लाइसेंस की अनुमति दे दी।

□

15

एक स्वप्नद्रष्टा का अस्त्र अनुशासन ही होता है

लक्ष्य और उसकी पूर्ति के बीच सेतु अनुशासन ही होता है।

—जिम रॉन

हीरो साइकिल्स में ओमप्रकाश के अनुशासन के स्तर का मुकाबला कोई नहीं कर पाया। वे सेकंड तक के पाबंद हैं। हर दिन सुबह 10 बजे वे फैक्टरी पहुँच जाते हैं। न तो आप उन्हें देर करा सकते हैं, न रोक सकते हैं और न उनका समय बरबाद कर सकते हैं। उन्हें अकसर यह कहते सुना जाता है, 'वक्त बरबाद करनेवालों को वक्त बरबाद करके छोड़ेगा।'

ओमप्रकाश निजी रूप से और व्यावसायिक रूप से आहार के कड़े पाबंद हैं। वे दूसरों के लिए तो लचीले हो जाते हैं और कुछ छूट दे देते हैं, लेकिन जब उनकी अपनी बात आती है, तो वे कोई समझौता नहीं करते। अगर उनकी मीटिंग सुबह 11 बजे से दोपहर तक है तो वे 10.55 पर पहुँच जाएँगे और ठीक दोपहर को वहाँ से निकल जाएँगे। वे यह सुनिश्चित करते हैं कि मीटिंग खत्म होने से पहले सारा काम निपट जाए, सारे अपेक्षित निर्णय ले लिए जाएँ।

वे अकसर शाम को कार्यालय का चक्कर लगाते हैं और सबको समय पर घर जाने के लिए जोर देते हैं, क्योंकि उनका दर्शन है कि अगर आप दिया गया काम समय पर पूरा नहीं कर पाते तो आप सक्षम कामगार नहीं हैं।

ओ.पी. मुंजाल किसी का इंतजार नहीं करते। अगर आप समय पर नहीं पहुँचते, तो या तो वे चले जाएँगे या आपके बिना ही काम शुरू कर देंगे। 'लेट-लतीफी का पतनशील प्रभाव पड़ता है', वे मासिक बैठकों में अपनी टीम से कहते हैं। 'अगर मैं

किसी को पाँच मिनट देर से आने की अनुमति देता हूँ, तो उस देरी के कारण मेरे कार्यक्रम में देरी हो जाएगी, जिससे दिन खत्म होने तक घंटों की देरी होती जाएगी।'

वे हर दिन योग करते हैं। योग शिक्षक के उनके घर पहुँचने से पहले ही वे चटाई बिछा लेते हैं, टेबल आदि व्यवस्थित कर लेते हैं, पानी के गिलास या अन्य कोई जरूरी चीजें रख लेते हैं। अगर शिक्षक देर करता है तो वे निर्धारित समय पर योग शुरू कर देते हैं। ओ.पी. मुंजाल का अनुशासन अनुकरणीय है और हीरो साइकिल्स में हर कोई उनका अनुकरण करता है। समूचा संगठन घड़ी की सुई के हिसाब से चलता है और न्यूनतम देरी ही हो पाती है।

ओमप्रकाश हर दिन वही भोजन, उसी समय पर करते हैं और अपने अच्छे स्वास्थ्य का श्रेय अपने अटल अनुशासन को देते हैं। 'आपका शरीर परिचय के आधार पर सबसे अच्छा काम करता है', वे कहते हैं। 'भोजन और भोजन के समय की बहुत ज्यादा अदला-बदली तंत्रिका तंत्र पर दबाव पैदा करती है। मुझे काम करने के लिए अपने शरीर का सहयोग चाहिए और जबकि मुझे अब भी काम पर जाना जरूरी है, तो उसे मेरा साथ नहीं छोड़ना चाहिए। मैं अपने शरीर की देखभाल उसी तरह करता हूँ, जिस तरह से मैं किसी मशीन की देखभाल करता हूँ।'

जब डॉक्टर उन्हें कोई हिदायत देता है, तो वे उसका पूरी तरह से पालन करते हैं। डॉक्टर की हिदायत उनके लिए धर्मसूत्र की तरह होती है। नतीजा यह होता है कि वे समय से पहले ही ठीक हो जाते हैं और यही डॉक्टर की खुशी का क्षण होता है। एक बार फैक्टरी में वे एक डीलर के साथ थे। तभी डीलर का हाथ लड्डू की ओर बढ़ा और ओमप्रकाश ने तुरंत प्लेट दूर कर दी। वे जानते थे कि डीलर हाई ब्लड शुगर की शिकायत कर रहा था। उन्होंने कंपनी के आंतरिक डॉक्टर डॉ. बावा से डीलर के ब्लड शुगर लेवल की जाँच करवाई। जब डॉक्टर ने कह दिया कि सबकुछ ठीक है, तभी ओमप्रकाश ने डीलर को आधी मिठाई खिलाई।

'सही बात जानना ही पर्याप्त नहीं है', वे कहते हैं। 'उस जानकारी के हिसाब से काम भी करना चाहिए और वही करना चाहिए, जो सही हो। जिंदगी और दुनिया में बहुत सारी चुनौतियाँ आपके सामने आती हैं। ये सब आपके लिए परीक्षा ही है कि आप जान सकें कि आप क्या हैं। तो, फिर आप क्यों लड़ाई में अपने ही शत्रु बनकर अपने ही हारने की तैयारी करते हैं? पहली बार असफल होकर आप सिर्फ बड़े खेल की तैयारी कर रहे होते हैं।'

मुंजाल परिवार के बच्चे ओमप्रकाश के साथ काम करके सीखने और प्रशिक्षित

होने की इच्छा रखते हैं। यह आम धारणा है कि जिन्होंने उनसे प्रशिक्षण लिया है, वे अपने-अपने कारोबार में विशिष्ट लीडर बनकर उभरे हैं। छोटे बाऊजी के साथ काम करना एक ऐसे शिविर में हिस्सा लेना है, जिसमें अनुशासन और समर्पण व्यक्तित्व का गुण बन जाता है, जो आगे की सफलताओं के लिए नींव का काम करता है। भतीजे और भतीजियाँ सीधे उनके तहत काम करने के लिए झगड़ते हैं।

'अगर किसी को उनके साथ एक दिन काम करने का अवसर मिलता है, तो वह पूरे माह के लिए ऊर्जावान हो जाता है। अगर आप वहाँ काम न करें और सिर्फ चुपचाप देखते रहते हैं, उनके साथ बने रहते हैं, उनकी बातें सुनते रहते हैं और उन्हें काम करते देखते रहते हैं, तो वह भी अपने आप में एक प्रेरणा होती है', उनके दामाद प्रवीण मल्होत्रा कहते हैं।

□

16

मकान नंबर 26 के दो वॉशबेसिन

किसी की विश्वसनीयता परखने का सबसे अच्छा तरीका उस पर विश्वास करने का ही है।

—अर्नेस्ट हेमिंग्वे

ओमप्रकाश और उनके भाई बृजमोहन लाल की जोड़ी अद्‌भुत है। 1948 ई. में लुधियाना जाने के बाद वे वहाँ मकान नंबर 26 में ही अपने परिवारों को लेकर साथ में रहे। सरकार ने मुंजाल परिवार को मकान दिया था, जो आज करीब सत्तर साल पुराना हो चुका है। बृजमोहन लाल का परिवार दाईं ओर रहता था और ओमप्रकाश का परिवार बाईं ओर। बीच में आँगन था। बरामदे के दोनों ओर दो वॉशबेसिन थे, जिनकी हीरो साम्राज्य खड़ा करने में महत्त्वपूर्ण भूमिका रही।

अन्य दो भाई, दयानंद और सत्यानंद बिजनेस पार्टनर थे और एक मकान दूर ही रहते थे।

हर सुबह ओ.पी. और बृज ठीक एक ही समय वॉशबेसिन के पास आते थे। दाढ़ी बनाने के दौरान वे कारोबारी मामलों पर चर्चा करते। बृजमोहन लाल अपने छोटे भाई को विस्तार संबंधी योजनाएँ बताते और नई उत्पादन प्रौद्योगिकी के बारे में अपने विचारों से उन्हें अवगत कराते। ओमप्रकाश वितरण और बिक्री के मामलों की चर्चा करते। हीरो साम्राज्य के भावी सौदे और निर्णय उन्हीं वॉशबेसिनों पर दाढ़ी बनाते हुए होते थे। कई बार उनमें बहस होती, असहमति होती, लेकिन दाढ़ी बनाने का काम पूरा होते ही सारे विवाद सुलझ जाते और अंतिम निर्णय ले लिया जाता। इस तरह चर्चा का अंत हो जाता।

अगले दिन सुबह वे फिर से वॉशबेसिन पर मिलते, मसले सुलझाते, विचारों का आदान-प्रदान करते और चर्चा करते। दाढ़ी बनाने के बाद ब्रुश रखना उनकी

चर्चा के समापन का संकेत होता था और वे साफ मन से काम के लिए आगे बढ़ने की तैयारी करने लगते। जब तक वे साथ रहे, तब तक उनका ये रोज का नियम रहा। वे बोर्डरूम में बैठकर चर्चा नहीं करते थे। दोनों भाइयों के बीच निर्णय लिये जाते थे और फिर बाकी बोर्ड के सामने विचार के लिए रख दिए जाते।

ओ.पी. मुंजाल कहते हैं, 'सुबह के समय ही दिन भर के लिए निर्णय ले लेना बहुत अच्छी आदत है। ऐसा नहीं होता था कि हमारा दिन सहज ही शुरू हो जाए और हम काम में लग जाएँ। हम यह तय करते थे कि दिन में क्या करना है और कैसे करना है। हमारा रवैया "निश्चय करो कि हमें करना क्या है" का रहता था, जो कि आम रवैए "देखिए, क्या होता है" से अलग था और यह हमारी सफलता का मुख्य कारक रहा है। जब निर्णय हो जाते हैं, तो मकसद भी पूरा होता ही है।'

यह पूछे जाने पर कि उन्हें इन दिनों किस चीज की कमी अखरती है, ओमप्रकाश कहते हैं, अपने भाई के साथ दाढ़ी बनाते समय होनेवाली बातचीत। 'काम को लेकर हम लोगों का जुनून और प्रतिबद्धताएँ समान थीं। और हम दोनों एक-दूसरे के बारे में जानते थे। हमारी बातचीत में निर्णय हो जाते थे और जब हम बरामदे के पास से एक-दूसरे को देखते थे, तो हमें पता होता था कि हमें अपनी बात पूरी करनी है, ताकि अगले दिन सुबह फिर एक-दूसरे का सामना कर सकें। मुझे वह समय बहुत अच्छा लगता था और मैं उसे हमेशा अपने दिल में सँजोए रहता हूँ। मैं हर दिन अपनी बात और अपने वचन को पूरा करने के लिए काम पर निकलता हूँ। जब मैं अपने बोर्ड और अपनी टीम की आँखों में देखता हूँ तो वे समझ जाते हैं कि मैं काम पूरा कर चुका हूँ।'

यह ध्यान देना दिलचस्प है कि दोनों भाई दाढ़ी बनाते समय वे काम पूरा कर लेते थे, जिसे करने में संगठन बोर्डरूम में बहुत अधिक समय लगाते हैं और फिर भी अकसर असफल रहते हैं। समय, ऊर्जा और धन की बरबादी होती है और नतीजा कुछ नहीं निकलता है। दोनों भाई दाढ़ी बनाते हुए हर दिन व्यापारिक मामलों की चर्चा करते और उन्हें सुलझा लेते थे। और उन वॉशबेसिनों पर उन्हीं कुछ पलों में समूचे हीरो ग्रुप ऑफ कंपनीज का कामकाज तय हो जाता था।

'परिवार के सदस्यों के बीच बहुत अधिक आदर है', परिवार की लड़कियाँ दावा करती हैं। हर कोई बुद्धिमान और समझदार है। परिवार के रूप में हम व्यसनों को पसंद नहीं करते—चाहे वह शराब हो या सिगरेट। हर कोई शारीरिक और मानसिक रूप से अच्छी हालत में है। और इसके अतिरिक्त, परिवार में धार्मिक और आध्यात्मिक धरातल भी है—हर दिन प्रार्थना होती है, हर दिन पापाजी गीता

पाठ करते हैं। वे पाठ ही नहीं करते, बल्कि हर सुबह बताते भी हैं कि उन्होंने उससे क्या सीखा। इस तरह के संस्कार चौथी पीढ़ी तक कायम हैं। आजकल हम लोग कभी-कभार ही पूरे परिवार के लोगों से एक साथ मिल पाते हैं। ऐसे अवसर बहुत हर्षोल्लास के होते हैं, क्योंकि हर किसी के विचार एकदम समान हैं। हमारी इच्छा है इस तरह का हर्षोल्लास और समझ आनेवाली पीढ़ियों में भी कायम रहे।'

लोग लड़ते क्यों हैं?

लोग झगड़ते क्यों हैं?

इस तरह के विवादों की जड़ में क्या है?

अविश्वास, आशंका, असुरक्षा और घमंड मुख्य कारण होते हैं—मुंजाल बंधु इन सबसे पूरी तरह से मुक्त हैं। वह कंपनी कैसी होगी, जिसमें विश्वास हो, किसी तरह की असुरक्षा न हो, हर कोई विनम्र हो और किसी के साथ घमंड की समस्या न हो, किसी को कोई आशंका न हो? ऐसी कंपनी ठीक हीरो साइकिल्स की तरह होगी।

□

17

भीड़ से अलग होकर पहचान बनिए

पहले सुनिश्चित कीजिए कि सही जगह कदम पड़े, उसके बाद कदम मजबूती से जमाइए।

—अब्राहम लिंकन

एक बार एक ग्राहक कल-पुर्जों का बहुत बड़ा ऑर्डर देना चाहता था। उसे मुंजाल बंधुओं के सामान की क्वालिटी पसंद आई थी, लेकिन वह मोलभाव करके बाजार भाव से दाम कम कराने की कोशिश कर रहा था। उस दिन दुकान में ओमप्रकाश थे। उन्होंने उस ग्राहक से साफ कह दिया कि जिस तरह से वे क्वालिटी नहीं बदलते, ठीक उसी तरह वे दाम भी नहीं बदलते। यह नीति उसी दिन से लागू है। ग्राहक नाराज होकर चला गया और बोल गया कि इस तरह के दाम रखेंगे तो वे लोग कभी नहीं टिक पाएँगे।

जब बृजमोहन लाल ने यह कहानी सुनी तो उन्होंने इसे चुनौती के रूप में लिया। यह जाना-माना तथ्य था कि मुंजाल परिवार के उत्पादों को छोड़कर ज्यादातर उत्पादों की गुणवत्ता में समझौता होता था और दामों को लेकर मोलभाव भी बहुत ज्यादा होता था। बृजमोहन लाल जानते थे कि अगर उन्हें निम्न गुणवत्ता के माल से पैदा खतरे और गलाकाट प्रतिस्पर्धा के बीच टिकना है तो उन्हें लुधियाना के बाहर कारोबारी संभावनाएँ तलाशनी होंगी। एक बार फिर उन्होंने ओमप्रकाश को बुलाया और अन्य राज्यों में मुंजाल परिवार के कारोबार को फैलाने को कहा।

साइकिलें बनाने का लाइसेंस हासिल करना ही सबकुछ नहीं था—यह तो बस शुरुआत थी। साइकिलें बनने लगीं तो उन्हें बेचना भी था। अगर उत्पाद ग्राहकों के हाथों तक पहुँचे ही न, तो सारे लाइसेंस और गठजोड़ बेकार हैं। ऐसे में उस समय छब्बीस साल के हो चुके ओमप्रकाश ने अपना बैग बाँधा और इलाहाबाद

के लिए चल पड़े, जहाँ उन्होंने अपना सबसे अच्छा काम किया—लोगों से जुड़े। दो सप्ताह बाद वे इतने सारे ऑर्डर लेकर लौटे कि लुधियाना की किसी भी अन्य कंपनी से ज्यादा कारोबार वहाँ उनकी कंपनी का हो गया।

ओमप्रकाश पूरे साल देश भर की यात्रा करते रहे और हीरो साइकिल्स की डीलरशिप का विस्तार करते रहे। यह सब सिर्फ उनकी ही व्यापार के प्रति प्रतिबद्धता के कारण नहीं, बल्कि समूचे परिवार की प्रतिबद्धता के कारण ही ऐसी असाधारण सफलता मिल सकी। अधिकतर यात्राओं में उनकी पत्नी उनके साथ रहीं, ताकि उनकी ढंग से देखभाल की जा सके। उनके बच्चों को अपने चाचा-चाचियों और ढेर सारे चचेरे भाई-बहनों की देखरेख में सुरक्षित रहने में कोई ऐतराज नहीं था। किसी ने शिकायत नहीं की, हर किसी ने उनको प्रोत्साहित किया।

कई बार छुट्टियों में या सप्ताहांत में ओमप्रकाश अपने बच्चों को भी अपने साथ ले जाते थे। उन्होंने अपने परिवार को अपने काम में शामिल किया और उन्होंने भी पूरा सहयोग दिया। उनके लिए सफलता सामूहिक प्रयास का नतीजा रही। और ओमप्रकाश मुंजाल के परिवार को देखकर बाकी डीलरों के परिवार भी शामिल होने लगे और इस तरह से हीरो साइकिल्स का एक बड़ा परिवार बन गया। रिश्तों ने व्यापारिक संबंधों को भी सुदृढ़ किया।

ओमप्रकाश की सफलता साबित करती है कि परिवार की सहमति, सहयोग और प्रोत्साहन के बिना कोई भी निरंतर बाहर की यात्रा नहीं कर सकता और न ही बाहर जाकर कोई जादू कर सकता है।

उस साल हीरो साइकिल्स ने न केवल 7500 साइकिलें बनाईं, बल्कि इतनी साइकिलें मात्र छह माह में ही बना डालीं। कंपनी के लिए बड़े नजरिए के साथ बृजमोहन लाल फिर से श्री कैरों के पास गए और उनसे बड़े स्तर पर काम करने की अनुमति माँगी। पंजाब में उन दिनों सरकारी लाइसेंसों को लेकर बहुत गड़बड़ी फैली थी और व्यापारी अपने लाइसेंस दूसरे व्यापारियों को बेच देते थे। श्री कैरों को लगा कि मुंजाल परिवार के मामले में भी ऐसा ही है। उन्होंने खुद ही हीरो प्लांट देखने की इच्छा जताई, ताकि वे देख सकें कि वाकई काम हुआ है या नहीं। जब वे अंदर पहुँचे तो उन्हें तेज गति से हो रहा उत्पादन दिखा। वे मुंजाल बंधुओं की प्रतिबद्धता से बहुत प्रभावित हुए। उन्होंने बृजमोहन लाल को समृद्ध होने की शुभकामनाएँ दीं और साथ ही दिया हर साल 25,000 साइकिलें बनाने का लाइसेंस।

हालाँकि मुंजाल बंधुओं को विश्वास था कि वे हर साल 25,000 साइकिलें बना लेंगे, लेकिन सबकुछ आखिरकार बिक्री पर ही निर्भर था—ओमप्रकाश को

साइकिलें फैक्टरी से बाहर ले जाने और चालकों के हाथों में पहुँचाने का काम सौंपा गया। उन्होंने काम आगे बढ़ाने की यह चुनौती स्वीकार की और अपने प्यार, सत्यनिष्ठा और अदम्य पेशेवराना तरीके से शहर-दर-शहर बाजारों में फतह हासिल करके दिखाई। एक साल की अवधि में ही ओमप्रकाश ने हीरो साइकिल्स की हजार से ज्यादा डीलरशिप स्थापित कर दिखाई।

अगले कुछ सालों में हीरो साइकिल्स ने कार और स्तर में विकास किया, कुशल इंजीनियरों, प्रौद्योगिकीविदों, प्रशासकों और उद्यमियों को आकर्षित किया। आज भारतीय बाजार में इसकी भागीदारी 37 प्रतिशत है और हर दिन 19,500 से ज्यादा साइकिलों का उत्पादन होता है—दुनिया भर में हीरो साइकिल्स का उत्पादन सबसे ज्यादा है और सर्वाधिक उत्पान के लिए इसका नाम गिनीज बुक ऑफ वर्ल्ड रिकॉर्ड्र्स में दर्ज किया जा चुका है।

हीरो साइकिल्स पंजाब में सबसे बड़ी रोजगार प्रदाता कंपनी है और ओ.पी. मुंजाल लुधियाना में सबसे अधिक कर देनेवाले करदाता हैं। शहर की अर्थव्यवस्था उनकी ही देखरेख और उनके ही नेतृत्व में विकसित हुई और समृद्ध हुई।

साल-दर-साल सरकार ने ओ.पी. मुंजाल और उनके भाइयों के योगदान को मान्यता दी और उन्हें पंजाब रत्न, उद्योग रत्न, इंदिरा गांधी एकता पुरस्कार और पद्मभूषण से सम्मानित किया गया और इससे उन्हें राष्ट्रीय स्तर पर गौरव हासिल हुआ।

□

18

अपनी टीम ही असली संपदा है

किसी व्यक्ति का मूल्य इससे तय किया जाना चाहिए कि वह क्या देता है, इससे नहीं कि वह क्या पाने के काबिल है।

—अलबर्ट आइंस्टीन

ओमप्रकाश मुंजाल की सफलता का रहस्य क्या है? बिना मोलभाव किए वे कैसे अपने उत्पाद बेच लेते थे? वे बिना किसी बहाने के किस तरह से अपने निर्धारित लक्ष्य पूरा कर लेते थे? अपने उत्पादों के दाम सबसे ज्यादा लगाने के बावजूद वे किस तरह से बड़े कारोबारी ऑर्डर हासिल कर लेते थे? बड़ी प्रतिस्पर्धा और कई बार कम दामों के बीच वे किस तरह से डीलरों को अपनी साइकिलें लेने के लिए तैयार कर लेते थे?

ऐसा उन्होंने खरीद-बिक्री के तरीकों को चुनौती देकर किया। उन्हीं के शब्दों में उनकी सफलता का रहस्य है—'सारे कारोबार की अंतिम मंजिल सुख, प्रतिदान और प्रेम होता है। हम सब अंतिम विश्लेषण में यही करते हैं। हमारे काम का अंतिम उत्पाद यही होता है। अगर काम के खत्म होने तक सुख, सम्मान और स्नेह नहीं है, तो इसका मतलब है कि वह व्यक्ति न तो अपने काम को लेकर उत्साहित है और न ही अपनी जिंदगी को लेकर। हम ऐसे लोगों के साथ काम करना चाहते हैं, जो हमारे इस अंतिम उत्पाद में योगदान कर सकें। जब लोगों को हमारे कामकाज में अपने लक्ष्य नहीं दिखते, वे अलग हो जाते हैं। लोग इसलिए नहीं छोड़ते कि चुनौतियाँ बहुत बड़ी होती हैं, बल्कि इसलिए छोड़ते हैं कि उन्हें उन चुनौतियों के अंत में सुख, सम्मान और स्नेह नहीं दिखता। लोगों को पैसा नहीं जोड़ता, प्यार जोड़ता है। सुख जोड़ता है।'

हीरो साइकिल्स की दुनिया जानती है कि ओमप्रकाश लोगों के हमदर्द हैं। वे

सारे डीलरों को नाम से जानते हैं। वे उनके परिवारों को जानते हैं और खुद को उन परिवारों का हिस्सा ही मानते हैं। जब लोगों को उनके नाम से संबोधित किया जाता है, तो उन्हें बहुत ही प्रसन्नता होती है। खासतौर पर तब, जब आप ऐसी अपेक्षा न कर रहे हों! इससे पता चलता है कि आप दिलचस्पी ले रहे हैं, आप ध्यान रखते हैं कि वे खास हैं। हालाँकि हजारों लोगों के नाम याद कैसे रखे जा सकते हैं? इसका एकमात्र संभव उत्तर लोगों के प्रति सहज स्नेह और उनकी जिंदगियों में ईमानदारी से दिलचस्पी लेना ही हो सकता है।

जब आप किसी से पूरी तरह जुड़ जाते हैं और उसे अपने अनुभवों में शामिल होने देते हैं, तो यादें बनती हैं और भावनाएँ मूर्त रूप लेती हैं। सच्चे लीडरों का यही तरीका होता है—उन लीडरों का, जो हमारी जिंदगी को छूते हैं और दुनिया में हमारे लिए स्नेहयुक्त, रहनेयुक्त स्थान बनाते हैं। ओ.पी. मुंजाल ने लीडरशिप को नई ऊँचाइयाँ दी हैं। वे लोगों को न केवल नाम से जानते हैं, बल्कि वे लोगों के विचार भी जानते हैं और उनकी आशंकाएँ भी जानते हैं; वे जानते हैं कि कौन सी चीज उन्हें प्रेरणा देती है और कौन सी चीज उन्हें चिंतित करती है। जब वे किसी डीलर से मिलते हैं, तो वे इस बात में दिलचस्पी लेते हैं कि उसके लिए क्या चीज अहमियत रखती है और उस पर पूरा ध्यान देते हैं, ताकि दोनों को लाभ हो।

जब वे उन डीलरों से दोबारा मिलते हैं, तो वे उनके बच्चों और परिवारों के लिए मिठाई लाते हैं। डीलरों के बच्चों के लिए वे किताबें लाते हैं, जिनके बारे में उन्होंने बताया होता है। वे उनके लिए वे उपकरण भी लाते हैं, जिनकी उन्हें तलाश होती है, लेकिन जो उनके शहर में नहीं मिलते। वे लोगों में दिलचस्पी लेते हैं और उन पर ध्यान देते हैं। वे लोगों से ऐसा व्यवहार करते हैं, जैसे कि वे उनके दिल के सबसे निकट हों।

'हर डीलर को लगता है कि वह मेरे पिता का सबसे करीबी है,' पंकज मुंजाल बताते हैं। 'हर डीलर को लगता है कि वह उनका सबसे खास व्यापारिक सहयोगी है।'

जब डीलर लुधियाना आते हैं, तो ओमप्रकाश खुद रेलवे स्टेशन पर उनका स्वागत करते हैं और उन्हें घर ले जाते हैं। उनकी पत्नी उन्हें खाना खिलाती हैं और वे उनके आने-जाने का इंतजाम करवाते हैं और उन्हें अपने घर में ही ठहराया जाता है। यह व्यावसायिकता को एक अन्य स्तर पर ले जाना और उसे निजी बनाना होता है। नतीजतन, डीलर भी ओमप्रकाश को अपने घर आमंत्रित करने लगते हैं। वे जल्द ही डीलरों और उनके परिवारों के दोस्त और विश्वस्त बन जाते हैं। वे हर

संभव तरीके से उनके परिवारों की मदद करते हैं। अगर उनके बच्चों को स्कूल में दाखिले के लिए किसी परिचय की जरूरत पड़ती है, तो वे तुरंत उनकी मदद करते हैं। अगर कोई डीलर अपने बेटी की शादी का खर्चा उठाने में दिक्कत महसूस करता है, तो वे उसे पैसे भेजते हैं। वे हजारों किलोमीटर दूर स्थित शहरों में रहनेवाले उनके परिवारों को किसी चिकित्सा संबंधी आकस्मिक स्थिति में भी मदद करते हैं। जिस चीज से उनके डीलर और सहयोगी परेशान होते हैं, वह चीज उन्हें भी व्यथित करती है। अगर वे लोग खुश हैं, तो ओ.पी. भी खुश होते हैं। अगर वे लोग फलते-फूलते हैं, तो ओ.पी. फलते-फूलते हैं।

□

19

शिखर पर अकेलापन...

कायनात लेकर चलो
हयात लेकर चलो
चलो ऐसे कि सबको
साथ लेकर चलो।

वे अपने हर काम में आपको शामिल करते हैं। जब आप उनके साथ होते हैं, तो वे आपको हर काम में शामिल करते हैं—चाहे वह कारोबार से संबंधित हो या नहीं। इस तरह से उनके आस-पास रहनेवाले लोगों को अपनी अहमियत का अहसास होता है। वे लोगों को अपनी जिंदगी में, अपनी खुशी में शामिल करते हैं। उनके रहते उनके कमरे में कोई तमाशबीन नहीं रह सकता। वे हर मौजूद व्यक्ति को खेल में शामिल कर लेते हैं।

एक दिन उनके मैनेजिंग डायरेक्टर एस.के. राय सुबह 7 बजे उनके घर पहुँचे। यह समय ओ.पी. मुंजाल से खास चर्चा करने के लिए सबसे सही समय होता है। ओमप्रकाश उस समय अपने प्रशिक्षक के साथ योग कर रहे थे। उन्होंने मिस्टर राय को आते देखकर भी योग बंद नहीं किया, बल्कि उनसे भी साथ में योग करने का अनुरोध किया। मिस्टर राय ने कहा कि वे उनके सुंदर मकान के बगीचे में उनका इंतजार करेंगे, लेकिन उन्होंने उनके अपने साथ व्यायाम करने पर जोर दिया। आखिरकार मिस्टर राय को अपने सफारी सूट में ही ओमप्रकाश के साथ दस चक्र सूर्य नमस्कार करने पड़ गए!

अनेक लोग लीडरशिप को सही तरह से नहीं समझते और निर्णय लेने, विचार निर्माण में और दैनिक कामकाज में लोगों को शामिल नहीं करते, ताकि वे

अपनी सत्ता और अपने अधिकार को कायम रख सकें। हालाँकि सच्ची लीडरशिप सबको शामिल करने में है, अलग करने में नहीं। जब लोग अपने को शामिल महसूस करते हैं, तो उनकी भागीदारी और दिलचस्पी अगले स्तर तक पहुँच जाती है। लीडरशिप के बारे में सबसे खास पाठ भूल जानेवाले लीडर शीर्ष पर एकदम अकेले हो जाते हैं—अपने साथ के लोगों को शीर्ष पर बढ़ने की राह में अपने साथ लेना समझदारी होती है।

जो लोग ओमप्रकाश को जानते हैं, वे जानते हैं कि वे दुनिया के सबसे बेहतरीन मेजबान हैं। अगर उन्हें मालूम पड़ जाए कि उनके डीलर आ रहे हैं, तो वे ड्राइवर को नहीं भेजते। वे खुद रेलवे स्टेशन या हवाई अड्डे उन्हें लेने जाते हैं। अनियमित मौसम के कारण लुधियाना का हवाई अड्डा बहुत काम का नहीं है, इसलिए ज्यादातर डीलर ट्रेन से आते हैं और वे हमेशा छोटे बाऊजी के नाम से मशहूर अरबों डॉलर के हीरो साइकिल्स के साम्राज्य के चेयरमैन को प्लेटफॉर्म पर उनके स्वागत में खड़ा पाते हैं। वे उन्हें घर लाते हैं, उनकी देखभाल करते हैं, खाना खिलाते हैं और उनकी सेवा करते हैं।

1975 ई. में एक डीलर मोहित दा बिना किसी सूचना के अपनी पत्नी के साथ सप्ताहांत में ओ.पी. मुंजाल से मिलने आ पहुँचे। जब वे पहुँचे तब ओ.पी. मुंजाल और उनकी पत्नी छुट्टी बिताने शिमला रवाना हो रहे थे और ओमप्रकाश ने डीलर और उसकी पत्नी को भी अपने साथ चलने पर जोर दिया। मोहित दा और उनकी पत्नी सहमत हो गए और उनके साथ चल दिए। अब समस्या यह आई कि शिमला का पूरा होटल बुक था। ऐसे में ओमप्रकाश और उनकी पत्नी ने डीलर और उसकी पत्नी को अपने कमरे में ही ठहराया। महिलाएँ बिस्तर पर सो गईं और पुरुष फर्श पर दरी बिछाकर सो गए। मोहित दा इसे अपने सबसे बेहतरीन और सबसे यादगार अनुभव बताते हैं।

'मैं उन्हें मना नहीं कर सकता था। मेरा डीलर मेरे परिवार का सदस्य है। जैसे मैं उनका खयाल रखता हूँ, उसी तरह से वे भी मेरा खयाल रखते हैं। हम एक परिवार के रूप में शिमला गए और परिवार के रूप में ठहरे,' ओ.पी. मुंजाल बताते हैं।

एक अन्य अवसर पर, ओ.पी. मुंजाल की फैक्टरी का एक कर्मचारी उनके पास आया। उसका बेटा बहुत अधिक बीमार था और उसे तुरंत अस्पताल ले जाना था। वह बहुत परेशान दिख रहा था। उसने छुट्टी माँगी। ओमप्रकाश ने तुरंत अपनी कार मँगाई और ड्राइवर से बोला कि वह उस कर्मचारी को घर ले जाए और

फिर उसके बेटे को अस्पताल ले जाकर भरती करवाए।

जब उस कर्मचारी ने ओमप्रकाश से घर जाने की अनुमति माँगी, तो उन्होंने मजाक किया, 'मेरी चिंता मत करो। मैंने दुनिया साइकिल पर रख ली है—मैं तो साइकिल से ही घर चला जाऊँगा।' वह कर्मचारी चेयरमैन की जगुआर गाड़ी में गया। ड्राइवर को हिदायत दी गई थी कि वह बच्चे के इलाज होने तक अस्पताल में ही रुके और उसे वापस घर छोड़कर आए। इतना ही नहीं, बल्कि ओमप्रकाश ने अपने मैनेजर को भी बुलाया और उसे कर्मचारी के अस्पताल का खर्चा उठाने की हिदायत भी दी।

'मैं नहीं चाहता था कि उस पर खर्चे का बोझ पड़े', उन्होंने कहा। 'बेटे की बीमारी पिता पर बोझ ही होती है। मैं चाहता हूँ कि मेरे लोग खुशी-खुशी काम करने आएँ, ताकि उनकी खुशी उनके काम में परिवर्तित हो सके।'

अपने आदमी की देखभाल के लिए कोई किस हद तक जा सकता है? ओमप्रकाश किसी सीमा को नहीं मानते। वे किसी की मदद करने का कोई मौका नहीं चूकते और अपनी तरफ से पूरी मदद करते हैं। अगर वे सुबह अपने कर्मचारियों को पैदल फैक्टरी जाते देखते हैं, तो तुरंत अपने ड्राइवर से कार रोकने को कहते हैं और कर्मचारी को कार में बैठा लेते हैं। वे अपने कर्मचारियों को उनकी वर्दी से पहचान लेते हैं। 'वह मेरा कर्मचारी है,' वे कहते हैं और दरवाजा खोल देते हैं।

ओमप्रकाश पद के छोटे-बड़े होने को अहमियत नहीं देते। दिल से वे अब भी वही कर्मचारी हैं, जो हर दिन सुबह समय पर पहुँचता है। हर कोई समान है, और वरिष्ठता या पद के हिसाब से वे अपने व्यवहार में बदलाव नहीं लाते। वे हर किसी के साथ एक जैसे हैं—स्नेहिल, परवाह करनेवाले और ढील न देनेवाले सख्त मालिक।

बहुत कम लीडर ऐसे होंगे जो इस हद तक दूसरों को अपनी जिंदगी में शामिल होने देते हैं। बहुत कम लोग ऐसे होंगे जो इस हद तक अपनी ओर से दूसरों को देते हैं। इस तरह का जुड़ाव बहुत कम मिलता है, जो मालिक और कर्मचारी या निर्माता और डीलर के बीच के रिश्ते को रूपांतरित कर दे। यह सबसे शानदार मानवीय संबंध है।

जब आप लोगों को अपनी जिंदगी में शामिल करते हैं, अपनी सकारात्मकता और प्रसन्नता को उनके साथ बाँटते हैं तो कारोबार, प्रबंधन और लीडरशिप की एक समूची नई दुनिया के द्वार खुल जाते हैं। लीडरशिप के इस तरीके से निष्ठा की अवधारणा को एक बिलकुल भिन्न स्तर मिलता है जो कारोबार और पैसे से परे

होता है। आज के दौर में संगठनों में लोगों को रोके रखना सबसे बड़ी समस्या है, लेकिन जब आप इस स्तर तक संबंधों का निर्माण करते हैं तो आप इतना मजबूत बंधन बना लेते हैं जो घाटे, संकट और गलतफहमी के बावजूद भी टिका रहता है।

बहुत सारे सफल लोग दिखते हैं, मिलते हैं, लेकिन जब ध्यान से देखें तो पता चलता है कि वहाँ तक पहुँचने के लिए त्याग किया गया है। उन त्यागों की कीमत उनकी सेहत में झलकती है, उनके चेहरों की संकोची मुसकान में झलकती है और उन संबंधों में झलकती है, जिन्हें वह कायम नहीं रख पाया। हालाँकि यहाँ एक ऐसा भी आदमी है जो इस धारणा में विश्वास पुनर्जीवित करता है कि सफल भी हुआ जा सकता है और मुक्त तथा प्रसन्न भी रहा जा सकता है।

□

20

उपयोगी कामों की दक्षता

कल के अच्छे काम की सबसे अच्छी तैयारी आज के काम को अच्छी तरह से करना है।

—एलबर्ट हबर्ड

ओमप्रकाश काम लेने में सख्त हैं। आमतौर पर नरमदिल लोग अपनी टीम और अपने कर्मचारियों से काम कराने में नरमी बरतते हैं, जिसका वे लोग फायदा उठाने लगते हैं। कुप्रबंधन की स्थिति आ जाती है, लोगों और उनके काम पर नियंत्रण बहुत कम हो जाता है या रह ही नहीं जाता। हालाँकि, ओमप्रकाश में लीडरशिप की शैलियों का असाधारण मेल है—देखभाल करनेवाला और स्नेहिल लीडर जो कड़ाई से काम कराता है। वे काम, अपेक्षा और गुणवत्ता के मामले में समझौता नहीं करते। वे आदर देते हैं, चिंता करते हैं, लेकिन काम पूरा करवाते हैं। वे कामचलाऊपन सहन नहीं करते और समूचा संगठन उनकी अपेक्षाओं से परिचित है और उनके हिसाब से काम करता है। कोई लापरवाही करने की हिम्मत नहीं करता। वे नौकरी देते हैं, प्रशिक्षण देते हैं और संवेदनशील तरीके से अपने लोगों का पालन-पोषण करते हैं। जब किसी को नौकरी दी जाती है तो काम शुरू करने से पहले वे उससे मिलते हैं। वे सुनिश्चित करते हैं कि नया कर्मचारी संस्कृति और अपेक्षाओं को समझ ले और वे यह भी सुनिश्चित करते हैं कि वे नए कर्मचारी के सपनों और आकांक्षाओं को समझ सकें।

खराब तरीके से काम करके कोई छुटकारा नहीं पा सकता। ओमप्रकाश सबकुछ जानते हैं क्योंकि वे हर काम में शामिल रहते हैं और जब गलतियाँ होती हैं तो वे समस्या दूर करते हैं—दोषारोपण नहीं करते। जब गड़बड़ी होती है तो उन्हें गुस्सा आता है, लेकिन वह गुस्सा समस्या पर होता है, व्यक्ति पर नहीं। वे गलती

सुधारने में यकीन करते हैं, डाँटने-डपटने में नहीं। वे लापरवाही और गलती का अंतर जानते हैं और उसी के हिसाब से काम करते हैं।

जब कोई गलती करता है तो ओमप्रकाश उसे कार्यालय में बुलाते हैं। चाय पिलाते हुए ओमप्रकाश गलती का प्रकार समझाते हैं और बताते हैं कि भविष्य में ऐसी गलती से कैसे बचा जाए। वे पहली बार की गलती को खुशी-खुशी सहन कर लेते हैं, लेकिन जब वही गलती दोबारा होती है तो वे अपनी नाराजगी जाहिर करने से नहीं चूकते।

हीरो साइकिल्स के लोग ओमप्रकाश के मिजाज से डरते हैं। मिजाज और गुस्सा चालें हैं। किस स्थिति में गुस्सा जाहिर करना उचित है, यह नजरिए पर निर्भर करता है। और जब कोई लीडर अनिश्चित स्वभाववाला हो तो लोग उससे घबराने लगते हैं, उसकी मौजूदगी में काम खराब होने लगते हैं और नाखुशी का अहसास होने लगता है। हालाँकि, जब कोई लीडर अपनी टीम से उस तरह के संबंध बनाए होता है, जैसा कि ओमप्रकाश बनाते हैं, तो खराब काम पर गुस्सा जाहिर करने को भी सहज भाव से लिया जाता है।

जब उनसे पूछा गया कि क्या उनके लोग उनके मिजाज से डरते हैं तो उनका जवाब था, 'कोई किसी से नहीं डरता। लोग अपनी कमजोरी उजागर होने से ही डरते हैं। लोग अपनी गड़बड़ी उजागर होने से डरते हैं और उसके नतीजों से भय खाते हैं। इसका पता चलना संयोग की बात है। डर किसी दूसरे व्यक्ति का नहीं होता—डर अपने गलत काम के उजागर होने का होता है।

'गुस्सा तो एक भाव है। प्यार की तरह ही सामान्य है। गुस्से में बुराई नहीं है। अगर आप सड़क पर किसी बच्चे को पिटते देखेंगे तो गुस्सा आना स्वाभाविक है। गुस्सा बुरा नहीं है, लेकिन कई बार लोग गुस्से के दौर में जो कर बैठते हैं, वह बुरा होता है। अगर कोई शराब के नशे में होने के कारण अपनी शिफ्ट के दौरान सो जाता है और काम अधूरा छोड़कर चला जाता है तो निश्चित ही मुझे गुस्सा आएगा। गुस्से का समय होता है, एक जगह होती है।

'आपको अपनी नाराजगी जताने का अधिकार है और आपको अपना गुस्सा जताने का अधिकार है। गुस्सा तब बुरा होता है जब लोग गुस्से को अपने ऊपर हावी हो जाने देते हैं, गुस्से में अंधे हो जाते हैं और आदर की सीमा पार करके अपमान तथा नीचता कर बैठते हैं। और गुस्सा थोड़ी देर के लिए ही होना चाहिए। कुछ मिनटों बाद वह भाव आपको जकड़ लेता है।'

'उनमें दोनों का संतुलन है', हीरो साइकिल्स के जनरल मैनेजर अशोक बावा

कहते हैं। 'वे लोगों की सराहना का कोई मौका नहीं चूकते। अच्छा काम होने पर वे छोटी बात को भी बहुत बड़ा बना देते हैं। हालाँकि जब कुछ गलत हो जाए तो वे छोटी बात को बहुत तूल नहीं देते। वे उन्हें तुरंत ठीक करते हैं। वे गलती पकड़ते हैं और तत्काल उसे ठीक करते हैं। मैंने छोटे बाऊजी को गुस्से में देखा है, लेकिन किसी का अपमान करते नहीं देखा। मैंने लोगों की गलती के हिसाब से उन्हें ठीक करते देखा है।'

हालाँकि जिन्होंने उनका गुस्सा झेला है, वे भी कहते हैं कि उन्होंने गलती सुधारने के लिए पर्याप्त प्रयास किया। जब कर्मचारियों पर चिल्लाया जाता है तो भी वे गुस्से का कारण समझ सकते हैं। हीरो साइकिल्स में काम करनेवाले समझते हैं कि ओमप्रकाश जितने उनके कल्याण और भलाई में दिलचस्पी लेते हैं, उतनी ही काम में बेहतरी में दिलचस्पी लेते हैं। वे अपने लोगों से लाड़-प्यार करते हैं और अपेक्षा करते हैं कि वे उस तरह की असाधारण सेवा दें, जिसका उन्होंने दुनिया से वादा किया है। लोगों की देखभाल के लिए वे गलत तरीके नहीं अपनाते और न ही अपनी नाराजगी जताने में संकोच करते हैं। हालाँकि वे अपनी नाराजगी जाहिर करने में काफी वाचाल हैं, लेकिन वे अपनी बात समझाने में बुद्धि की सीमा कभी पार नहीं करते।

किसी भी लीडर के लिए यह जरूरी है कि वह ग्राहकों और दुकानदारों से संबंध स्थापित करे लेकिन महान् लीडर अपने कर्मचारियों के साथ संबंध स्थापित करने में भी समान रूप से दिलचस्पी लेता है—उन लोगों के साथ संबंध बनाने में दिलचस्पी लेता है, जो उसके सारे पेशेवर रिश्तों को सार्थक बनाते हैं। इस तरह के संबंधों की परख उससे होती है कि किस तरह से डाँट को लिया जाता है। कर्मचारी आलोचना को कितनी अच्छी तरह से लेते हैं? गलतियों पर मालिक की डाँट को वे कितनी तटस्थता से लेते हैं? गलतियों पर जब उन्हें डाँट पड़ती है तो वे उससे होनेवाली निराशा और नकारात्मकता से कितनी जल्दी उबर जाते हैं?

ओमप्रकाश ने अपने लोगों को यह समझाया कि वे उनकी अपेक्षाओं और उनके गुस्से के पीछे देखने की योग्यता रखें। अपने लीडर की कसौटी पर खरे न उतर पाने पर भी लोग उनकी निराशा के पीछे के इरादे को देख सकते हैं। संकल्प दोनों तरफ से होने चाहिए। दोनों पक्षों को समाधान की तलाश करने का इच्छुक होना चाहिए और दूसरे को गलत साबित करने की मंशा नहीं होनी चाहिए। अगर किसी लीडर के पास यह काबिलीयत है, तो वह सच्ची लीडरशिप है।

ओमप्रकाश मुंजाल खुद सारी खरीदी, सप्लाई और बिक्री को देखते हैं।

उनकी उपस्थिति सारे काम करनेवालों को सतर्क रहने की प्रेरणा देती है। दिन के अंत में वे खुद सारी रिपोर्टें देखते हैं और किसी में कुछ करने की जरूरत होती है तो वे तुरंत ही वह काम निपटा देते हैं। एक दिन शाम को उन्होंने एक रिपोर्ट में देखा कि 40,000 में से दो रिम खराब हैं। उन्होंने तुरंत फोन उठाकर दोनों खराब रिमों का जवाब माँगा। अधिकतर कर्मचारी इस छोटी सी चूक को टाल देते। वैसे भी गलती 0.005 प्रतिशत ही थी, लेकिन ओ.पी. ने उसे सहन नहीं किया। संबंधित विभाग से सवाल किया गया और उसे सलाह दी गई और कहा गया कि भविष्य में उत्पादन चूकरहित होना चाहिए।

'वे अनुशासन चाहते हैं,' हीरो साइकिल्स के मार्केटिंग और सेल्स के अध्यक्ष जी.डी. कपूर कहते हैं। 'वे उत्कृष्टता चाहते हैं। काम की बात आती है तो वे कठोर हो जाते हैं। जब आपको सहारा देने या मदद करने की बात आती है तो वे बहुत प्यारे इनसान हैं। वे उत्तर में 'न' नहीं सुनना चाहते। वे आपकी बात को पकड़ लेंगे। जब आपको बिलकुल उम्मीद नहीं होगी, तब वे आपके दिल को छू लेंगे। काम में ढिलाई की तो वे आपका कान उमेंठ देंगे और थोड़ा सा भी सही काम कर देंगे तो वे आपकी पीठ थपथपा देंगे। वे उत्कृष्टता और उससे मिलनेवाली सफलता की सारी संरचना जानते हैं। कई बार मुझे वे एक तरह से असाधारण लगते हैं, लेकिन तब मैं सोचता हूँ, क्या हम सबको उनके जैसा नहीं होना चाहिए? हो सकता है, वे साधारण ही हों और हम सारे लोग सामान्य हों; हम किसी-न-किसी रूप में भूल रहे हैं कि हम क्या हैं और हमें क्या होना चाहिए था।'

□

21

समानता से ही एकता आती है

अच्छा होना आसान है, कठिन तो न्यायसंगत होना है।

—विक्टर ह्यूगो

कारोबार फैलता गया और हीरो साइकिल्स देश भर में छा गई। सत्यानंद के सुयोग्य मार्गदर्शन में स्वर्गीय दयानंद मुंजाल के बेटे विजय ने अपने पिता की जगह ले ली। विजय जल्द ही हीरो साइकिल्स के लिए बहुत उपयोगी बन गए।

यह ऐसा साम्राज्य है, जो एक दाम की नीति पर निर्मित हुआ है। बिक्री के दाम में किसी तरह का अंतर नहीं है। हर किसी के लिए दाम एक ही है, इसलिए कोई भी डीलर अपने को कम अहम या किसी अन्य की तुलना में कम उपयोगी नहीं समझता। आज बिक्री के समय बाँहें मरोड़ने का युग है और जब विक्रेताओं को लगता है कि उन्हें माल कम दामों पर बेचना पड़ेगा या फिर वे पीछे छूट जाएँगे, तो उन्हें बुरा लगता है। उत्पाद के दाम से कम पर बेचकर कोई कैसे बड़ा बन सकता है?

एक बार ओमप्रकाश ने बिलिंग में एक गलती कर दी और उसके कारण एक डीलर को अन्य डीलरों की तुलना में बहुत ज्यादा छूट मिल गई। किसी को पता चलने से पहले ही ओमप्रकाश ने बाकी डीलरों के बिल में भी उतनी ही छूट दे दी। 'एक बिलिंग में मुझसे गलती हो गई थी, इसलिए मैंने सुनिश्चित किया कि बाकी डीलरों को ऐसा न लगे कि उन्हें मेरी गलती के कारण सौदा महँगा पड़ा', उन्होंने अपने भाई बृजमोहन लाल को बताया। किसी के साथ खास वरीयतावाले व्यवहार की वे अनुमति नहीं देते थे।

ओ.पी. मुंजाल ने अपनी कीमत पर साइकिलें बेचीं। उन्होंने किसी को कमजोर नहीं किया और न ही किसी को घाटा होने दिया। उन्होंने किसी को

अपने साथ भी ऐसा नहीं करने दिया। एक घटना में उनके एक डीलर ने उन्हें बड़े ऑर्डर का वचन दिया और उसी दिन सरकार की नीति में बदलाव के कारण लोहे की कीमतें तेज हो गईं, जिससे साइकिलों की कीमतें बढ़ गईं। डीलर ने ओमप्रकाश से पुराने दामों पर ही ऑर्डर पूरा करने को कहा, लेकिन उन्होंने इनकार कर दिया।

'मेरे संबंधों के कारण आप मुझे छूट नहीं देंगे क्या?' डीलर ने कहा। 'मैं बढ़ी कीमतों के लिए तैयार नहीं था।' वह मोलभाव करता रहा और ओमप्रकाश को विशेष दाम लगाने के लिए कहता रहा।

'मैं आपके लिए दुखी हूँ और मैं आपकी चिंता करता हूँ, लेकिन मैं अपने बाकी डीलरों का भी खयाल रखता हूँ,' ओमप्रकाश ने कहा। 'अगर मैं आपके लिए दाम कम कर दूँगा तो मुझे अपने हजारों डीलरों के लिए भी ऐसा करना होगा।'

ऐसे में वे अपने उस डीलर को एवन साइकिल के पास ले गए, जो उनकी प्रतिस्पर्धी थी। एवन पुराने दामों पर साइकिल बेच रही थी, ताकि उसकी बिक्री बढ़ सके और ज्यादा माल बिक सके। ओमप्रकाश ने उस डीलर को वहाँ से छूटवाले दामों पर बड़ा ऑर्डर पाने में मदद की। वे सौदा खोने को तैयार थे, वे अपने डीलर को अपने प्रतिस्पर्धी के पास भेजने को तैयार थे, लेकिन अपनी कीमतें कम करने के लिए वे तैयार नहीं हुए।

ओ.पी. मुंजाल की सोच है, 'निर्णय लेना तो आसान है, लेकिन असली परीक्षा तो तब होती है जब आप संभावित घाटे की आशंका के बीच भी अपने निर्णयों और सिद्धांतों पर डटे रहें। कोई कहेगा, ''घाटा मत सहो—अपने निर्णय और सिद्धांत छोड़ दो।'' निश्चित ही थोड़े समय के लिए तो यह आपके लिए फायदेमंद होगा, लेकिन अगर आप घाटे का ध्यान करेंगे तो आपको फिर लगातार समझौते करने पड़ेंगे और आप खेल से बाहर ही फेंक दिए जाएँगे।

'निर्णय लेने और मानदंड स्थापित करने का क्या मतलब, जब आप उन्हें तोड़नेवाले हैं? नियम और सिद्धांत आपके फायदे के लिए ही होते हैं। वे आपको समझौता करने और कम दामों पर बेचने से रोकने से बचाने के लिए ही होते हैं। मुझे समझ में नहीं आता कि वे कैसे लोग होते हैं, जो निश्चय करते हैं कि वे सुबह उठकर सैर करने के लिए जाएँगे और फिर खुद ही अपना निश्चय तोड़ देते हैं। ऐसा निश्चय करते ही क्यों हो? अपने को दैनिक परीक्षा में क्यों फँसाते हो जब आप अपने निर्णय पर टिके ही नहीं रह सकते।

'आप अपना मूल्य निर्धारित कीजिए और फिर उसे लागू करने में अपनी पूरी क्षमता लगा दो', वे अकसर अपने नाती-पोतों से कहते हैं, जिनको वे सिखा-पढ़ा रहे होते हैं। 'जब आप दूसरों को अपने द्वारा तय मूल्य से समझौता करने देते हैं, तो आप अपने आपको दुख में फँसा लेते हैं।'

□

22

सरलता में ही सफलता छिपी है

नम्रता का अर्थ अपने को कमतर समझना नहीं है—इसका मतलब अपने बारे में कम सोचना है।

—सी.एस. लुइस

ओमप्रकाश तो ब्रिकी के लिए दौरों पर जाते ही रहते थे, लेकिन जब बृजमोहन लाल पहली बार उनके साथ दौरे पर गए तो यह देखकर स्तब्ध रह गए कि वे नागपुर जानेवाली ट्रेन के तीसरे दरजे के डिब्बे में चढ़े।

'तुम इस तरह से यात्रा करते हो?' बृजमोहन लाल भौचक्के दिख रहे थे।

'हाँ, क्या दिक्कत है?' ओमप्रकाश ने मासूमियत से जवाब दिया।

उनके भाई को एक और झटका तब लगा, जब वे होटल में घुसे। वे उस जगह की हालत देखकर स्तंभित थे, जहाँ ओमप्रकाश ठहरने जा रहे थे, जबकि उनका कारोबार इतना फल-फूल रहा था कि वे पूरा होटल ही खरीद सकते थे।

'क्या तुम हमेशा इसी होटल में ठहरते हो?'

'हाँ। बहुत अच्छा है। है न?' ओमप्रकाश खुश होते हुए बोले। 'साफ-सुथरा है, शाकाहारी है, बाजार के पास भी है और किराया बस तीन रुपए रात के।'

बृजमोहन लाल ने लुधियाना लौटकर अपने मैनेजर को निर्देश दिया कि वे ध्यान रखें कि ओमप्रकाश ट्रेन के प्रथम श्रेणी डिब्बे में यात्रा करें, डीलरों से मिलने टैक्सी से जाएँ और जब भी बाहर जाएँ, तो वहाँ अच्छे होटलों में ठहरें।

ओ.पी. मुंजाल भी कम ध्यान नहीं रखते थे। वे तीसरे दरजे के डिब्बे में भी उतने ही मजे से यात्रा करते थे, जितने मजे से वे पहले दरजे के डिब्बे में यात्रा करते हैं। वे कहाँ रहते हैं, क्या पहनते हैं, कैसे यात्रा करते हैं—इन सारी बातों में उन्हें खुशी नहीं मिलती। वे हर तरह का अनुभव लेना चाहते हैं। परिस्थितियाँ कोई

भी हों, वे हमेशा अपने अनुभव ही चुनते हैं और हमेशा प्रसन्न रहना ही चुनते हैं।

हम ऐसे युग में रह रहे हैं, जहाँ वे चीजें हमारे अहसास को परिभाषित करती हैं, जो हमारे पास हैं या नहीं हैं। हम ऐसे जगत् में रहते हैं, जहाँ हमारी जेब का पैसा हमारी मानसिकता को तय करता है। हमारी प्रसन्नता सुख-सुविधाओं, भौतिक सुविधाओं पर टिकी होती हैं। हालाँकि सुख के बिना कोई सफलता नहीं होती। हर तरह का अनुभव लेने को तैयार होना ही सफल जीवन की शुरुआत है, क्योंकि जब आपमें अपने अनुभवों को परिभाषित करने की क्षमता होगी, तो परिस्थितियाँ कोई मायने नहीं रखतीं।

□

23

विस्तार ही सुरक्षित भविष्य का सार है

हर तरह का परिवर्तन विकास नहीं होता, जैसे कि हर तरह की हलचल को आगे बढ़ना नहीं कहा जा सकता।

—ऐलन ग्लासगो

हर कोई किसी-न-किसी तरीके से सफल होता है। हम सब वह हासिल करते हैं, जो हमने किसी-न-किसी समय हासिल करने का लक्ष्य बनाया होता है। हालाँकि जब कोई ऐसा भविष्य चाहता है, जिसमें जीत का आश्वासन हो तो उसके लिए विस्तार की और एक सफलता को दूसरी सफलता में बदलने की जरूरत होती है।

सफलता किसी कार्य के पूरा होने की निशानी है। अधिक सफलता पाने के लिए अधिक कार्य, अधिक पहलें और अधिक उत्पादों की जरूरत होती है। सफलता में विस्तार की यही भूमिका है। हालाँकि समस्या यह है कि लोग विस्तार से डरते हैं। हार का डर उन्हें उनकी छोटी सी दुनिया में सीमित रखता है। उन्हें पता होता है कि यहाँ तक आने में उन्हें कौन-कौन सी चुनौतियाँ और कठिनाइयाँ झेलनी पड़ी हैं और उनका आत्मविश्वास दोबारा उन चुनौतियों को झेलने में संकोच कर जाता है। उनकी वास्तविकता उनके विचार को नहीं पचा पाती, इसलिए वे वहीं रहना पसंद करते हैं, जहाँ वे हैं।

1982 ई. में एक समाचार-पत्र के विज्ञापन पर बृजमोहन लाल का ध्यान गया। जापानी कंपनी होंडा भारत में मोटरबाइक का उत्पादन करने के लिए किसी भागीदार की तलाश में थी। सत्तरह मोटरबाइक कंपनियों ने भागीदारी के लिए आवेदन किया था और बृजमोहन लाल ने हीरो साइकिल्स को भी दौड़ में उतार दिया। हर कोई उनसे पूछता कि उन्होंने मौजूदा मोटरबाइक कंपनियों के सामने

टिकने और दुनिया की सबसे प्रतिष्ठित मोटरसाइकिल ब्रांड की भागीदारी पाने के लिए क्या योजना बनाई है, जबकि हीरो के पास मोटरबाइक का कोई अनुभव तक नहीं है। यह हिम्मत की ही बात थी या मूर्खता की, जैसा कि कुछ लोग कह रहे थे।

'मुझ पर भरोसा कीजिए,' उन्होंने अपने भाइयों से कहा और चर्चा समाप्त हो गई।

मुंजाल बंधुओं ने होंडा के पाँच प्रतिनिधियों के साथ मुलाकात की। उनके पेशेवर तरीकों और ठोस व्यापारिक सिद्धांतों की चर्चा उद्योग जगत् में थी ही—जिस वजह से होंडा के अधिकारियों ने उनका स्वागत किया। यह भी कहा गया कि एक भारतीय आवेदक मीटिंग में देर से पहुँचा तो जापानियों ने उनका आवेदन फाड़ दिया और उससे मिलने से इनकार कर दिया था।

मीटिंग में बृजमोहन लाल ने एक प्रजेंटेशन देकर समझाया कि किस प्रकार हीरो ने शून्य से शुरू करके साइकिल का साम्राज्य खड़ा किया और किस तरह से वे सबसे बड़ी और सबसे सफल मोटरबाइक कंपनी को भारत में स्थापित करके ऊँचाइयों तक ले जाएँगे।

इसके बाद मुंजाल बंधुओं ने प्रतियोगिता का सामना किया—जिसमें भारत में मोटरबाइक कंपनियों के दिग्गज शामिल थे। हिंदुस्तान मोटर्स के मालिक भी उस होड़ में थे, जिनकी उस समय तूती बोलती थी। अचानक हीरो की संभावनाएँ खत्म होती दिखीं। हीरो की परंपरा के अनुसार, मुंजाल बंधुओं ने अपने अतिथियों को प्लांट का दौरा कराया। मुंजाल बंधुओं को वह हमेशा दिखाने में शान महसूस हुई है, जिसे वे सबसे अधिक पसंद करते हैं यानी अपना काम। प्रतिनिधि उनका ताम-झाम और समर्पण देखकर बहुत प्रभावित हुए, लेकिन मुंजाल बंधुओं की टक्कर देश के सबसे बड़े दिग्गजों से थी, इसलिए इतना ही पर्याप्त नहीं था। इस दौरे में आए एक जापानी प्रतिनिधि की तबीयत ठीक नहीं थी और वह अचानक बेहोश हो गया। तुरंत ही मुंजाल बंधुओं ने उसके मुँह पर पानी के छींटे डाले और उसकी इतनी अच्छी तरह से देखभाल की कि अगले दिन सुबह तक वह बिलकुल ठीक हो गया। जापानियों को प्रभावित करने के लिए यह अनुभव काफी था और वे समझ गए कि इस संगठन में इसी तरह के मूल्य काम करते हैं। जल्द ही उनकी ओर से घोषणा हो गई कि तमाम दावेदारों में सबसे छोटी कंपनी के साथ होंडा मोटरसाइकिल्स संयुक्त उपक्रम लगाने जा रही है। यह उपक्रम होंडा का दुनिया भर में सबसे सफल उपक्रम रहा।

□

24

लोगों से नहीं, अपने अतीत से प्रतिस्पर्धा कीजिए

दो तरह के लोग होते हैं—एक काम करनेवाले और दूसरे श्रेय हथियानेवाले। पहले समूह में शामिल होने की कोशिश कीजिए, उसमें प्रतिस्पर्धा कम है।

—इंदिरा गांधी

अगर आप ओमप्रकाश से उनके प्रतिस्पर्धियों के बारे में उनके विचार पूछें, तो वे यही कहेंगे कि उनका कोई प्रतिस्पर्धी नहीं है। वे किसी से प्रतिस्पर्धा नहीं करते। वे किसी से बेहतर नहीं होना चाहते। यह उनका खेल है ही नहीं। उद्योग जगत् में सारे दिग्गज उनके निकटतम मित्र हैं। एवन, एटलस, हर्क्यूलिस और अन्य कंपनियों को दुनिया हीरो का प्रतिस्पर्धी मानती है, लेकिन ओ.पी. मुंजाल नहीं मानते। एवन के मालिक मिस्टर पाहवा उनके निकटतम मित्र हैं। वे अकसर साथ खाना खाते हैं। उद्योग के फैसले वे मिलकर करते हैं। अगर ओमप्रकाश किसी व्यावसायिक समारोह में जाते हैं तो मिस्टर पाहवा को साथ लेकर जाते हैं। ओमप्रकाश उद्योग को बढ़ाने में दिलचस्पी रखते हैं और सभी संबंधित लोगों की भलाई का खयाल रखते हैं। किसी की टाँग खींचना या किसी छोटे को हराना उनकी सफलता का विचार है ही नहीं। यहाँ तक कि उन्होंने अपने एक प्रतिस्पर्धी के बेटे को भी सिखाया और उसे व्यापार की चालें समझाई हैं।

आज की कॉरपोरेट संस्कृति में प्रतिस्पर्धा में आगे निकलने की कद्र इतनी ज्यादा है कि कंपनियों की सोच इसी हिसाब से चलने लगी है। मार्केटिंग के बजट इस पर खर्च किए जाते हैं कि कंपनी को बड़ा और अन्य कंपनियों को छोटा

दिखाया जाए। हर कोई अपने को सबसे नहीं तो कम-से-कम अन्य दूसरों से तो बेहतर साबित करना ही चाहता है। हालाँकि इसी दुनिया में ओ.पी. मुंजाल जैसे उज्ज्वल अपवाद भी हैं। वे प्रतिस्पर्धा में यकीन नहीं करते। वे सर्वोत्तम होने में यकीन करते हैं, जो कि कोई भी हो सकता है। वे अपने ही रिकॉर्ड तोड़ने में और अपने ही मानदंड बनाने में यकीन करते हैं। वे कभी किसी से अपनी तुलना नहीं करते और न दूसरों से खुद की तुलना करते हैं। 'किसी अन्य की तरह मत बनो— तुम जो बनना चाहते हो, उसी में सर्वोत्तम बनो' यही उनका दर्शन है।

ओमप्रकाश अपने सारे कथित प्रतिस्पर्धियों के साथ मिलकर उद्योग के निर्णय लेते हैं, खासकर उनके साथ जो कीमतें, कर और नीतियाँ नियमित करते हैं। उनका मिशन साइकिल उद्योग को समृद्ध बनाना है, ताकि उसमें शामिल सभी लोग आगे बढ़ सकें। उन्होंने पारदर्शिता के बल पर साम्राज्य खड़ा किया, जहाँ हर कोई जानता है कि क्या हो रहा है और कहाँ प्रगतिशील तथा संवेदनशील निर्णय लिए जा सकते हैं।

वे अकसर अपने प्रतिस्पर्धियों को उनकी कंपनी की मजबूती, संचालन और उत्पादों के बारे में सलाह देते देखे जाते हैं। 'हालाँकि, जब हीरो साइकिल्स बाजार में आई, तब हम उनसे बड़े थे, लेकिन वे हमसे प्रतिस्पर्धा किए बिना बाजार के लीडर बन गए,' मिस्टर पाहवा कहते हैं। 'वे अपने दम पर, अपनी एकता के दम पर और अपनी सोच के बल पर बाजार के लीडर बने। हमें उनकी मौजूदगी से कभी खतरा नहीं लगा—हम सुरक्षित महसूस करते थे। हमने कभी अलग-थलग महसूस नहीं किया—हम हमेशा शामिल लगे। मित्रता के सिद्धांतों ने व्यापार के सिद्धांतों को परिभाषित किया। अगर किसी डीलर के बच्चे की शादी है तो ओ.पी. मुझे लेने आते हैं, ताकि हम दोनों साथ जा सकें। दो प्रतिस्पर्धियों को मित्र के रूप में साथ में आते-जाते देखना बहुत दुर्लभ बात है।'

वे कहते हैं, 'ओ.पी. भारत के साइकिल उद्योग की छतरी हैं, जो कड़ी धूप से इस धंधे की रक्षा करते हैं। वे खुद धूप झेल लेते हैं, लेकिन हम सबको छाया देकर ठंडक में रखते हैं। वे मेरे प्रतिस्पर्धी हैं ही नहीं। वे मेरे मित्र, मेरे विश्वस्त, मेरे मार्गदर्शक और वह सबकुछ हैं, जिन पर मेरी जिंदगी निर्भर है।'

ओ.पी. मुंजाल के शब्दों में, 'अपने मित्रों और अपने साथी छात्र-छात्रों को अपना प्रतिस्पर्धी मत बनाओ। मित्रता से बढ़कर कोई रिश्ता नहीं। अपने लिए लक्ष्य बनाओ और फिर उसे हासिल करो। अब कोई आपसे ज्यादा हो या कम, वह आपकी समस्या नहीं होनी चाहिए। आप अपना नतीजा तय करो और उसे हासिल

करने में जुट जाओ। अगर वह लक्ष्य आपको शीर्ष पर ले जाता है, तो वह गौरव सिर्फ इत्तफाक से होगा। दूसरों से ज्यादा चमकने का लक्ष्य मत बनाओ। ऐसी चमक ज्यादा दिन नहीं टिकती।'

आपके काम में आपके प्रतिस्पर्धी लोगों की आप मदद करने लगें, जिनकी मौजूदगी आपको आर्थिक रूप से महँगी पड़ सकती हो, तो समझ लीजिए कि आप साइकिल के कारोबार की सीमा पार करके, महानता के कारोबार में प्रवेश कर गए।

□

25

सहयोगियों के सपनों की आशा

इस जीवन में हमारा मुख्य उद्देश्य दूसरों की सहायता करना है। और, अगर आप उनकी सहायता नहीं कर पाते, तो कम-से-कम उन्हें चोट तो मत पहुँचाइए।

—दलाई लामा

चार मुंजाल बंधुओं से शुरुआत करके हीरो साइकिल्स में आज करीब 3500 कर्मचारी हैं। ओ.पी. मुंजाल सबको नाम से जानते हैं।

एक दिन फैक्टरी का चक्कर लगाने के दौरान ओमप्रकाश ने एक रात्रि पाली के कर्मचारी को देखा। 'तुमने शिफ्ट बदल ली क्या?' उन्होंने पूछा।

'नहीं, छोटे बाऊजी,' कर्मचारी ने जवाब दिया, 'मैं डबल शिफ्ट कर रहा हूँ।'

ओमप्रकाश ने उससे पूछा कि वह घर जाकर आराम क्यों नहीं करता, ताकि वह अगली नाइट शिफ्ट की तैयारी कर सके और आराम कर सके। जवाब में कर्मचारी ने बताया कि उसका सपना बच्चों को अंग्रेजी माध्यम के स्कूल में भेजना है और उनके दाखिले के लिए उसने पैसा बचाने के मकसद से डबल शिफ्ट करने का फैसला किया है। ओमप्रकाश ने उसका हाथ थाम लिया और बोले, 'तुम्हारा सपना मेरा सपना है। मैं चाहता हूँ कि तुम वह दिन देखने के लिए सकुशल रहो, जब तुम्हारे बच्चे आएँगे और तुमसे अंग्रेजी में बात करेंगे। अपने सपने को जियो—अपने सपने के लिए खुद को मारो मत।'

ओमप्रकाश ने उस कर्मचारी को घर भेज दिया। उन्होंने अपने मैनेजर से उस कर्मचारी के बच्चों की स्कूल की एडमीशन फीस जमा कराने को कहा, ताकि वे

बच्चे स्कूल जा सकें, जिनके लिए उनका पिता अपनी नींद और अपनी सेहत का बलिदान करने को तैयार था। दाखिले की फीस ओमप्रकाश ने अपने खाते से दी। मैनेजर को हिदायत देते समय उन्होंने उँगली को होंठों पर रखा, जिसका मतलब था कि वे इस बात को किसी पर जाहिर नहीं होने देना चाहते थे। उन्होंने उस कर्मचारी के सपने को साकार कर दिया, जिसने अपना समय, अपना प्रयास और अपनी जिंदगी अपनी कंपनी की सेवा में लगाई थी।

ओमप्रकाश ने इस बात की चिंता नहीं कि वह कर्मचारी अपने नरमहृदय मालिक से कई सालों का फंड एडवांस में या वैसे ही लेकर भाग सकता है। उन्हें इस बात का भी डर नहीं होता कि उनके आसपास के लोग पलट जाएँगे या उनके साथ धोखा कर सकते हैं। वे भरोसा करते हैं—ऐसा भरोसा, जिसके बदले उन्हें भलाई ही मिलती है।

'कर्मचारी कंपनी के उद्देश्य कैसे पूरे कर सकेंगे, अगर उनके अपने उद्देश्य ही पूरे होते नहीं दिखेंगे, जिनके लिए वे घर छोड़कर काम करने आते हैं? मैं वह देता भी हूँ, जिसकी अपेक्षा करता हूँ।'

कर्मचारियों के निजी स्वप्नों और उद्देश्यों के बारे में ओ.पी. मुंजाल का दर्शन यही है। लोग अपने स्वप्न पूरे करने के लिए काम करने आते हैं। वे इसलिए काम करने आते हैं, ताकि उनका जीवन बेहतर हो सके, उनके परिजनों का जीवन बेहतर हो सके। अगर नियोक्ता यह सुनिश्चित करता है कि उसके कर्मचारियों के सपने पूरे हों, तो बदले में कर्मचारी उस संगठन के हर सपने को पूरा करने के लिए काम करेंगे।

लोगों को उनकी ओर से सबसे अच्छा काम करने के लिए क्या प्रेरित करता है? अपनी टीम को प्रेरित कैसे रखा जाता है? इस प्रश्न का उत्तर इसी उद्देश्य में, दृष्टि में और वहाँ काम करने आनेवाले कर्मचारियों के सपनों में छिपा होता है। यह हर कोई जानता है कि उसे क्या प्रेरित करता है। लोग इसलिए काम करने आते हैं कि वह अपने और अपने परिवार के सपने पूरे कर सकें। यही उनका प्राथमिक उद्देश्य होता है। जब आप उनके इस उद्देश्य को मजबूती देते हैं तो वे अपनी ओर से वह सबकुछ करते हैं, जो उनकी निगाह में कंपनी के विजन को पूरा करने के लिए जरूरी होता है, क्योंकि वे जानते हैं कि कंपनी के उद्देश्य पूरे होने पर ही उनके सपने पूरे हो सकेंगे। और जब कोई नियोक्ता खुद अपने कर्मचारियों के जीवन और आकांक्षाओं में निजी दिलचस्पी लेता है, उन्हें पूरा करने में सहायता करता है तो कंपनी के प्रदर्शन में जादुई चमत्कार दिखता है।

अगर नियोक्ता कर्मचारियों की अच्छी तरह से देखभाल करे तो कोई कर्मचारी किसी भी तरह की गड़बड़ी कैसे कर सकता है? उत्कृष्टता तो जुनून का ही परिणाम है। एकाग्र होकर, पूरे संकल्प के साथ काम करने का नतीजा है। हर तरह की अड़चनों के बीच काम करने का निश्चय ही उत्कृष्टता है। जब कंपनी का चेयरमैन अपने कर्मचारियों के सपनों, उद्देश्यों और निजी विचारों को अपने हाथों में सुरक्षित रखे हो तो वे निश्चित सफलता की ओर उत्कृष्टता के साथ बढ़ते ही हैं।

□

26

ग्राहक को कभी हताश न करें

अपने को पाने का सर्वोत्तम तरीका, अपने को दूसरों की सेवा में खो देने का है।

—महात्मा गांधी

जब ओ.पी. मुंजाल फैक्टरी पहुँचते हैं तो वे सबसे पहले रिटर्न्स सेक्शन में जाते हैं, जहाँ वापस की गई साइकिलें स्वीकार की जाती हैं। वे जानना चाहते हैं कि उनके उत्पादों में क्या त्रुटि थी, क्या ठीक करना चाहिए और क्या बदलना चाहिए ताकि कंपनी अपना विकास जारी रख सके और फलती-फूलती रह सके। वे शिकायतों को बहुत धैर्य से सुनते हैं और आलोचना को मर्यादा के साथ स्वीकार करते हैं। वे सहज ही यह सुनिश्चित करना चाहते हैं कि उनके उत्पाद दुनिया में सर्वश्रेष्ठ हों।

हीरो साइकिल्स बिक्री के बाद सीमित वारंटी देता है, लेकिन हर वापस साइकिल को बिना सवाल किए स्वीकार करता है, यहाँ तक कि वारंटी बीत जाने के बाद भी वापसी कर लेता है। यह सब ओमप्रकाश के ग्राहक-सेवा के दर्शन के कारण होता है।

'जिनके लिए मैं काम करता हूँ अगर वे ही मेरे उत्पादों से संतुष्ट नहीं हैं तो मैं भी संतुष्ट नहीं हो सकता। मैं उसे तुरंत बदलवा देता हूँ, फिर चाहे कानूनी अनुबंध कुछ भी हो। संतुष्टि कोई कानूनी मसला नहीं है—यह तो कार्य योग्य सामान देने और ग्राहक से किए वादे को पूरा करने की बात है। वे सारे वापस माल को खुद देखते हैं। वे हर सामान की त्रुटियों को ध्यान से देखते हैं और उसे नोट करते हैं। क्रय प्रमुख मिस्टर सैनी दुकानदारों की सूची और कॉर्डलेस फोन के साथ तैयार रहते हैं। वे संबंधित दुकानदार को फोन करते हैं और उनसे बार-बार खेद

जताते हैं, इतना कि कई बार तो आदमी खुद ही ऊब जाए। ज्यादातर कॉल वे इतने अच्छे तरीके से करते हैं कि दुकानदार खुद ही उनमें सुधार कर लेते हैं या फिर उन्हें फैक्टरी बुलाया जाता है, जहाँ वे प्रक्रिया को नजदीक से देख लेते हैं, जिससे समस्या दोबारा पैदा ही नहीं होती।

1975 ई. में ओमप्रकाश मसूरी में एक मार्केटिंग कॉन्फ्रेंस में गए। कार्यक्रम में अच्छी गुणवत्ता के उत्पादों और सेवाओं के महत्त्व पर जोर दिया गया। तभी उन्होंने यह महसूस किया कि उनकी साइकिलों की गुणवत्ता को अंतरराष्ट्रीय मानदंडों के अनुरूप बनाने के लिए उसमें सुधार करना जरूरी है। वापस आते ही उन्होंने उत्पादन रुकवा दिया और संबंधित विभागों को तुरंत ही गुणवत्ता मानक प्रभावशाली तरीके से लागू करने के बारे में समझाया। इतना ही नहीं, उन्होंने बिना बिकी साइकिलें बाजार से वापस बुलवा लीं। संचालक मंडल ने सलाह दी कि गुणवत्ता में बदलाव अगली खेप से लागू किया जाए और लागत को देखते हुए बाजार में बेचे जा चुके स्टॉक को वापस मँगाने में असुविधा होगी। हालाँकि ओमप्रकाश का कहना यह था कि जब उत्पाद में त्रुटि की पहचान हो चुकी है, तो उससे होनेवाले संभावित नतीजों की अनदेखी नहीं की जा सकती।

'मुझे अपनी सच्चाई के साथ रहना है,' वे कहते हैं। 'इससे कोई फर्क नहीं पड़ता कि ग्राहक को संभावित सुधार के बारे में पता है या नहीं। मुद्दा यह है कि मैं वह जानता हूँ। मैं उसे कायम नहीं रहने दे सकता, अगर मुझे पता है कि मैं अपने उत्पाद को बेहतर बना सकता था, लेकिन नहीं बनाया।'

उन्होंने सारा माल वापस मँगवा लिया और बदले में नई और परिष्कृत साइकिलें भिजवाईं जो अंतरराष्ट्रीय मानदंडों के अनुकूल थीं। यह हीरो साइकिल्स के सफर में नया मोड़ था। यह ऐसा बदलाव था, जिससे कंपनी नए विश्व बाजार में प्रवेश कर गई। कंपनियों ने हमें कितनी बार हताश किया? उपभोक्ता अदालतों में ऐसे लोगों की भीड़ लगी रहती है, जिनके साथ धोखा किया गया है, जिन्हें अपनी गाढ़ी कमाई के पैसे के बदले खराब उत्पाद मिले हैं। कंपनियाँ इसकी परवाह नहीं करतीं कि उनके खराब या टूटे-फूटे उत्पादों से उन्हें खरीदनेवालों पर क्या असर पड़ता है। 'प्यार और जंग में सब जायज है' कहकर गलत कार्यों और नाइनसाफी को स्वीकार्य सत्य बताया जाता है। यह दर्शन व्यापार में भी फैलने लगा है, जहाँ ईमानदारी और सही तौर-तरीके दुर्लभ होते जा रहे हैं। हालाँकि हीरो साइकिल्स में ऐसा नहीं है। वहाँ अब भी उच्च और उच्चतर मूल्यों का पालन किया जाता है, जबकि अन्य कंपनियाँ ऐसा करने से बचती हैं।

'हमने 1956 ई. में साइकिलें बनाने की शुरुआत हर साल 7500 साइकिलें बनाने के साथ की थी,' मिस्टर बावा गर्व के साथ बताते हैं। 'और अब इस फैक्टरी में हर साल साठ लाख साइकिलें बनती हैं। हम एक नया प्लांट बिहार में लगा रहे हैं, जो जनवरी 2014 में चलने लगेगा। इसके बाद अगले साल यहीं लुधियाना में माँगली में एक और प्लांट लगाया जाएगा। इतना ही नहीं, हमने दिल्ली में हीरो वन नाम से एक सर्वोत्तम रिटेल स्टोर भी खोल दिया है। रिटेल स्टोरों की फ्रैंचाइजी शुरू करके हम साइकिल खरीदने-बेचने को और भी अधिक उत्साहजनक कार्य बनाने की कोशिश कर रहे हैं।'

□

27

हर काम ठीक समय पर

जब तक आप अपने आपकी कदर नहीं करेंगे, आप अपने समय की भी कदर नहीं कर पाएँगे।
जब तक आप अपने समय की कदर नहीं करेंगे, तो आप समय का कुछ भी लाभ नहीं उठा पाएँगे।

—एम. स्कॉट पैक

हीरो साइकिल्स में दिन के अंत तक कोई भी तैयार उत्पाद नहीं बचता है। हीरो साइकिल्स के काम का फसलफा 'जस्ट-इन-टाइम सूची' है।

'जैसे ही साइकिलें अंतिम शॉप फ्लोर पर तैयार होती हैं, उन्हें तुरंत ट्रकों पर लाद दिया जाता है,' मिस्टर बावा बताते हैं। 'हमारे पास भंडारगृह है ही नहीं। ट्रक हर शाम को माल लेकर रवाना हो जाते हैं। अगर हम साइकिलों को भंडार में रखना शुरू कर दें तो हमारे उत्पाद महँगे हो जाएँगे, क्योंकि उनमें भंडारण का खर्चा भी जुड़ जाएगा।'

हर दिन 20,000 साइकिलें बनाना अलग बात है और उन्हें उसी दिन शॉप फ्लोर से बाहर भिजवा देना बिलकुल अलग बात है। इंतजार कर रहे तैयार बाजार के लिए, स्थापित खरीददारों के लिए और उत्पादों के स्थायी विक्रय केंद्र के लिए यह बहुत ही बुद्धि का कार्य है। यही सच्ची सेल्समैनशिप है। किसी सेल्सपर्सन की योग्यता इसी से नापी जाती है कि जिसे उसने कोई उत्पाद बेचा है, वह दोबारा भी उसका उत्पाद खरीदे या आजीवन ग्राहक बन जाए। हीरो ने ठोस ग्राहक आधार तैयार किया है और अब वह नए क्षितिज पर विस्तार कर रही है।

'यहाँ तक कि जो सामान हम इस्तेमाल करते हैं, उसके लिए भी भंडारण की व्यवस्था हम नहीं करते,' मिस्टर बावा बताते हैं। कच्चे माल की सप्लाई हर तीन

घंटे में आती है और तुरंत ही उसका इस्तेमाल हो जाता है और वह उत्पादन में खप जाता है। दिन के अंत तक सारे तैयार माल फैक्टरी से बाहर भेज दिए जाते हैं। यह जापानी उत्पादन शैली है और भारत में हीरो साइकिल्स ऐसी पहली कंपनी है, जिसने यह जस्ट-इन-टाइम शैली अपनाई है। कच्चा माल आता है, उसका इस्तेमाल होता है, साइकिलें बनाई जाती हैं और भेज दी जाती हैं—सब एक दिन में ही हो जाता है!

शॉप फ्लोर की दीवारों पर वन वर्ड उत्पादन नीति लिखी है : गति, यानी रफ्तार। हीरो साइकिल्स में हर चीज और हर व्यक्ति निरंतर गतिशील रहता है।

□

28

पुरस्कारों की परंपरा

किसी व्यक्ति की मेहनत का सर्वोच्च पुरस्कार यह नहीं है कि उसे क्या मिला, बल्कि यह है कि वह उससे क्या बना।

—जॉन रस्किन

ओमप्रकाश अच्छे काम की तारीफ करने से कभी नहीं चूकते। वे अच्छी तरह से किए गए काम की, साहस और समर्पण के प्रदर्शन की और हर उस चीज की सराहना करते हैं, जो सराहना और सम्मान के योग्य होता है। अच्छाई उनसे छिप नहीं पाती। दशकों से उन्होंने परंपरा बना रखी है कि अच्छे काम पर वे कर्मचारी को दस रुपए का नोट देते हैं। इसका मौद्रिक मूल्य भले ही कम हो, लेकिन लोग इसको लेकर बहुत उत्साहित रहते हैं; इस पुरस्कार की भावना मेहनत की कदर करना है। जब अच्छे कार्य को मान्यता मिलती है तो अच्छे कार्य और ज्यादा होते हैं।

हीरो साइकिल्स में बहुत से कर्मचारी दस रुपए के नोट इकट्ठे करते देखे जाते हैं, लेकिन वे इन्हें खर्च नहीं करते। जब वे किसी अच्छे काम को देखते हैं, कहीं भलाई और करुणा देखते हैं, तो वे दस रुपए का वही नोट संबंधित व्यक्ति की ओर बढ़ा देते हैं। 'यह छोटे बाऊजी का नोट है', वे कहते हैं। छोटे बाऊजी का दस रुपए का नोट बहुत प्रतिष्ठा की बात मानी जाती है।

जब कोई नया व्यक्ति फैक्टरी में आता है—चाहे वह परिवार का सदस्य हो या मित्र हो या कोई व्यापारिक सहयोगी तो ओमप्रकाश सामने पड़नेवाले हर व्यक्ति से उसका परिचय करवाते हैं। वे अपने कर्मचारियों की कड़ी मेहनत की तारीफ जरूर करते हैं और उसे उसकी उपलब्धियों के लिए बधाई देते हैं। वे फैक्टरी में

आनेवाले हर व्यक्ति के सामने अपने लोगों की सराहना करते हैं। इससे लोगों को अच्छा महसूस होता है और वे अपने को विशिष्ट समझने लगते हैं। वे गर्व से सीना फुलाए हुए वापस काम में जुट जाते हैं, क्योंकि उन्हें लगता है कि उनका काम बहुत महत्त्वपूर्ण है।

सम्मान की यह परंपरा निरंतर कायम है।

□

29

अपनी टीम को कभी हताश न करें

कुछ खुशियाँ उस एक खुशी की मौजूदगी के तुल्य होती हैं, जिस पर हम पूरी तरह से विश्वास करते हैं।

—जॉर्ज मैकडोनाल्ड

1980 ई. में एक दिन ओमप्रकाश के पास उनके एक डीलर का फोन आया कि सड़क हादसे में उसका पूरा माल बरबाद हो गया। ट्रक हीरो साइकिल्स से लदा हुआ रिटेलर के पास जा रहा था। उस समय परिवहन का बीमा चलन में नहीं था। ऐसे में कोई हादसा हो जाता था, तो वह सीधा घाटा ही होता था।

ओमप्रकाश ने अपने मैनेजर से सबसे पहले यही पूछा—'ट्रक का ड्राइवर तो ठीक है न?' उन्हें ड्राइवर की जिंदगी और भलाई की चिंता थी, जबकि वे उससे कभी मिले तक नहीं थे। इसके बाद उन्होंने मैनेजर से कहा कि वह नुकसान का पता लगाए और उसे निर्देश दिया कि डीलर के पास नया माल रवाना करे। हालाँकि डीलर के नुकसान में उनकी कोई गलती नहीं थी। 'उसका नुकसान मेरा नुकसान है,' उन्होंने कहा।

ओमप्रकाश लोगों की मदद करके और उनमें दिलचस्पी लेकर उनका दिल जीत लेते हैं। वे अपने डीलर को नुकसान नहीं होने देते, फिर चाहे उसका कारण ड्राइवर का शराब पीना ही क्यों न हो।

एक बार हीरो साइकिल्स से सेवानिवृत्त हुए कर्मचारी के दिल का ऑपरेशन हुआ। ओमप्रकाश को उसके अस्पताल में भरती होने की खबर मिली तो उन्होंने तुरंत अपने मैनेजर को भेजकर उसके ऑपरेशन का पूरा खर्चा खुद वहन किया। वह पूर्व कर्मचारी ठीक होने के बाद भाव-विह्वल होकर ओमप्रकाश के पास

धन्यवाद देने आया। 'जब तुम स्वस्थ थे, तब तुमने अपने दिल से मेरी सेवा की है,' ओमप्रकाश उससे बोले, 'मैं तो तुम्हें उसका ही प्रतिफल दे रहा हूँ। सर्विस कभी खत्म नहीं होती।'

'ओमप्रकाश ने हीरो साइकिल्स की सफलता की राह खोली,' पूर्व कर्मचारियों ने मुझे बताया। 'उन्होंने साइकिल के कारोबार को पूरी तरह से स्थापित किया है, और वे अब भी जड़ बनना पसंद करते हैं और चाहते हैं कि पेड़ की शाखाएँ धूप और फलों का लाभ उठाएँ।'

वे समय का बहुत ध्यान रखते हैं। वे माल भेजने में कभी देरी नहीं करते। उनके लोग उत्पादन में कभी देरी नहीं करते। उनके यहाँ भुगतान भी कभी नहीं रुकता। न ही वे अपना पैसा कहीं रोका जाना पसंद करते हैं।

'जब आप किसी का पैसा रोक लेते हैं तो आप उसे आगे किसी का भुगतान करने से रोक देते हैं, जिसका उसने आपकी ओर से वचन दिया होगा,' ओमप्रकाश कहते हैं। 'जब आप पेमेंट में देरी करते हैं, तो संबंधित व्यक्ति की प्रतिष्ठा कम होती है, क्योंकि उसे भी किसी को पैसा देना होता है।'

किसी भी संभावित देरी के लिए एक सहायक योजना भी रहती है। सारी चुनौतियों का सामना करने के लिए पहले से तैयारी होती है ताकि किसी का समय बरबाद न हो और न ही किसी का भुगतान रुके।

□

30

उनका कहना ही काफी है

वादा बहुत ज्यादा का करो, लेकिन दो उससे भी ज्यादा।

—एंटोनी जे.डी. एंजेलो

ओमप्रकाश के पास एक छोटी पॉकेट डायरी रहती है, जिसमें वे दिन में करनेवाले काम लिखते हैं। वे अपनी डायरी को 'कार्य डायरी' कहते हैं। इस पॉकेट डायरी में एक छोटा पेन धागे से बँधा रहता है। वे उसे हमेशा अपनी जेब में रखते हैं और उसमें लिखे काम देखते रहते हैं। घर पर वे उसे अपने बगल में मेज पर रखते हैं; अगर रात में भी उनके दिमाग में कुछ खास बात आती है, तो वे उसे तुरंत डायरी में लिख लेते हैं। इसके बाद सुबह वे मिस्टर बावा को ऑफिस बुलाते हैं और उन्हें अपनी घसीटा राइटिंग पढ़ने में मदद करते हैं। मिस्टर बावा अब उनकी घसीटा राइटिंग को पढ़ने में माहिर हो चुके हैं!

यह जाना-माना तथ्य है कि जो भी वे डायरी में लिखते हैं, वह काम पूरा होता ही है। हर सुबह काम पर जाने से पहले वे डायरी में वे सारे काम लिखते हैं, जो वे दिन भर में करना चाहते हैं और ऑफिस से निकलने से पहले पूरी लिस्ट पर सही का निशान लगा होता है। जब उनके नाती-पोते आते हैं तो रात में उनके सोने के समय वे उनकी डायरी उठा लेते हैं और उसमें अपनी माँगें लिख देते हैं। अब जो डायरी में लिखा होगा, उसे तो पूरा होना ही होता है। ओ.पी. मुंजाल की दुनिया में कुछ भी अधूरा नहीं रहता।

□

31

कुशल लीडर तैयार करें और अपना मार्ग तलाशने दें

सबसे अच्छा लीडर वह होता है, जिसके बारे में लोगों को मुश्किल से ही पता रहता हो, जब उसका काम पूरा हो जाए, उसके उद्देश्य पूरे हो जाएँ तो सब लोग कहें, 'हमने खुद ही इसे किया है।'

—लाओ त्ज़ू

किसी संगठन के टिके रहने के लिए प्रगति और विस्तार बहुत महत्त्वपूर्ण होते हैं। अगर आप प्रगति नहीं कर रहे हैं तो आप पीछे की ओर जा रहे होते हैं। हालाँकि प्रगति सारे शामिल लोगों की समान मानसिकता होनी चाहिए। आप किसी को प्रगति करने के लिए बाध्य नहीं कर सकते। आप लोगों को अच्छा काम करने पर मजबूर नहीं कर सकते। आप लोगों को बहला-फुसला कर प्रेरित नहीं कर सकते। ये बाहरी तत्त्व हैं ही नहीं। अगर ये भाव अंदर से पैदा नहीं हो रहे हैं तो उन्हें जबरन धकेलने से सिर्फ थकान और कुंठा ही उपजेगी। जब ओ.पी. मुंजाल अपने लोगों के साथ कंपनी के बारे में चर्चा करने के लिए मीटिंग करना चाहते हैं तो हर कोई उनके पास आ जाता है। 'हम सब एक दिन में 18,000 साइकिलें बना रहे हैं जो कि दुनिया में सबसे अधिक उत्पादन है', वे खुश होकर कहते हैं। ये कौन करता है?

'हम करते हैं!' कर्मचारी मिलकर जवाब देते हैं।

'कल से तुम सब 18,300 साइकिलें एक दिन में बना सकते हो?'

कर्मचारी फिर से बोलते हैं।

'हाँ? तो पक्का रहा। कल से ही शुरू कर दो।'

'बिलकुल पक्का,' कर्मचारियों का स्वर गूँजता है और हर कोई काम में जुट जाता है।

इसी तरह से ओ.पी. मुंजाल मीटिंग में लक्ष्य तय करते हैं। दस मिनट के अंदर लक्ष्य का ऐलान हो जाता है और उसे स्वीकार कर लिया जाता है, काम भी शुरू हो जाता है। सब बस यूँ ही हो जाता है!

इस बीच, अन्य कंपनियाँ अपने कर्मचारियों को कंपनी के विजन से जोड़ने के लिए लाखों डॉलर खर्च करके कॉन्फ्रेंस करती हैं, जिनमें लक्ष्य निर्धारित किए जाते हैं और फिर कर्मचारियों को विश्वास में लिया जाता है कि वे उन लक्ष्यों को हासिल कर सकते हैं। लाखों कार्य-घंटे कर्मचारियों को लक्ष्य स्वीकार कराने और उनमें उत्साह भरने की कवायद में बेकार किए जाते हैं।

ओ.पी. मुंजाल वह काम दस मिनट में कर लेते हैं, जिसे दुनिया के बाकी कॉरपोरेशन दस दिनों में नहीं कर पाते।

अब, इसे पढ़ने के बाद कोई अति-उत्साही उद्यमी अपने कार्यालय में जाता है और अपने कर्मचारियों को एकत्र करके पूछता है, 'क्या आप लोग कल से उत्पादन में 10 प्रतिशत बढ़ा सकते हैं?' संभव है कि उसे उस तरह की प्रतिक्रिया न मिले, जिस तरह की प्रतिक्रिया ओ.पी. मुंजाल को मिलती है।

ओ.पी. मुंजाल ने अपने कर्मचारियों की सालों तक सेवा की है और ऐसे में ही इस तरह की माँग की जा सकती है। जहाँ तक काम की बात है, क्या कर्मचारी एक दिन में सचमुच 300 अतिरिक्त साइकिलें बना लेंगे? इसके लिए बजट कौन आवंटित करेगा? लोगों को कैसे तैयार किया जाएगा? कर्मचारियों का उत्साह में किया गया इस तरह का वादा अगर पूरा न हुआ तो क्या होगा?

ओमप्रकाश का मानना है कि जहाँ चाह, वहाँ राह। अगर लोग चाहते हैं, तो उन्हें राह मिल ही जाएगी। जब उनसे पूछा गया कि उन्होंने हीरो डीलरशिप का इतना विशाल नेटवर्क कैसे तैयार कर लिया, तो उनका जवाब था, 'मैंने कल-पुर्जे बेचने का तरीका खुद ही निकाला था। किसी ने मुझे सिखाया नहीं। मैं हर रोज सीखता गया, सीखता गया। जहाँ कोई रास्ता नहीं होता था, वहाँ भी मैं रास्ता बनाता था। अगर मेरे लोग एक दिन में 18,300 साइकिलें बनाना चाहते हैं, तो वे जरूर कोई-न-कोई राह तलाश लेंगे। मैं उन पर भरोसा करता हूँ और पहले भी करता रहा हूँ। वे हमेशा अपना वचन निभाते हैं। वे अपनी समस्याएँ मेरे ऊपर नहीं लादते। वे अपनी समस्याएँ खुद ही सुलझाते हैं। वे खुद रास्ता बनाते हैं। अगर उन्हें

मदद चाहिए होती है तो वे माँग लेंगे। अगर उन्हें बजट चाहिए, अधिक मशीनें, अधिक कर्मचारी चाहिए, तो वे माँग लेंगे। मैं उन्हें मालिकी करने देता हूँ। अगर मुझे उन्हें लगातार बताना पड़े कि उन्हें क्या करना है तो वे कैसे बड़ा महसूस करेंगे, कैसे निर्माता होने की भावना उनके अंदर आएगी?

'वे कल से दिन में 300 साइकिलें अतिरिक्त बना लेंगे, मैं जानता हूँ। कुछ ज्यादा घंटे काम करेंगे, कुछ बाहर से मजदूर ले आएँगे, मैं यह भी जानता हूँ। वे कोई-न-कोई राह निकालेंगे और कर दिखाएँगे, मुझे पक्का विश्वास है। और तब, आनेवाले दिनों में वे कोई ऐसा तंत्र विकसित करेंगे, ताकि यह अतिरिक्त उत्पादन जारी रह सके और वे इसके लिए उचित बजट और बदलावों की माँग करेंगे। मैं जानता हूँ, वे क्या सोचते हैं। मैं जानता हूँ, वे कैसे काम करते हैं। कोई सही या गलत रास्ता नहीं है। मैं उन्हें उनके तरीके से काम करने देता हूँ। मैं उन्हें अधिकार देता हूँ और उन्हें जवाबदेह बनाता हूँ। और वे बदले में काम करके देते हैं?

□

32

हर नया दिन नई-नई संभावनाओं का दिन है

परिस्थितियाँ पूरी तरह से अनुकूल होने का इंतजार मत करो। परिस्थितियों को पूरी तरह से अनुकूल बनाना शुरू करो।

—एलैन कोहेन

जब आप अरबों डॉलर की कंपनी के चेयरमैन हों तो आपका हर निर्णय कंपनी के लिए महत्त्वपूर्ण होता है। और नि:संदेह, कई बार आपको ऐसे भी निर्णय लेने पड़ते हैं, जिन्हें आप पसंद नहीं करते। ओ.पी. मुंजाल एक निर्णयकर्ता हैं। वे समाधान–उन्मुखी व्यक्ति हैं और समस्याओं, जटिलताओं या अनिश्चितताओं पर विचार करते रहना, उन्हें पसंद नहीं है। वे आपको अनुमान लगाते रहने की हालत में नहीं रखते। वे आपको उत्तर देते हैं। उनके निर्णय और उत्तर 'न' की तुलना में अकसर 'हाँ' ही ज्यादा होते हैं। उनकी दुनिया में कोई अगर, मगर या लेकिन नहीं है, कोई मामला लंबित नहीं रहता। उनकी टेबल हमेशा साफ रहती है। उस पर कोई फाइलें या कागज लदे नहीं रहते। वे सेकंडों में फैसले करने और आगे बढ़ने के लिए जाने जाते हैं। कुछ निर्णयों से उतना फायदा नहीं होता, जितना कि वे अपेक्षा करते हैं, लेकिन वे मानते हैं कि आगे बढ़ने के दौरान ज्यादा बड़े और ज्यादा बेहतर सौदों के अवसर आएँगे।

उनका विश्वास है कि कोई निर्णय लेना ही सबसे बुरा निर्णय होता है। वे उन लोगों में से नहीं हैं, जो हमेशा अल्पकालिक लाभ या मुनाफे की ताक में रहते हैं। उनके हिसाब से चिंता और तकलीफें इस लायक नहीं होतीं कि उन पर समय बरबाद किया जाए—संयम तो भविष्य में बेहतर रिटर्न सुनिश्चित करने के काम में लगाना चाहिए। वे किसी ऐसे सौदे की तुलना में मन की शांति ज्यादा पसंद करेंगे, जो कुछ दिनों में और बेहतर हो सकता हो। □

33

न दैन्यं, न पलायनम्

न तो कभी हार मानें और न कभी पलायन करें।

—ह्यूबर्ट एच. हंफ्री

पंजाब में एक बार सारे मजदूरों की हड़ताल हुई तो हीरो साइकिल्स को भी बंद करने के निर्देश दिए गए। मजदूर संघों की माँगों से एकता दिखाने के लिए फैक्टरी के दरवाजे पर ताला लगा दिया गया और कर्मचारियों से कह दिया गया कि वे हड़ताल खत्म होने तक काम पर न आएँ। ओ.पी. मुंजाल उस समय कार्यालय में थे और उन्होंने कर्मचारियों से कहा कि वे चाहें तो घर जा सकते हैं। इसके बाद उन्होंने अपनी बाँहें चढ़ाईं और बोले, 'मुझे ऑर्डर पूरे करने हैं। मुझे तो काम करना ही है,' और इतना कहकर वे शॉप फ्लोर की ओर बढ़ चले। उन्होंने मशीनें शुरू कीं और काम में जुट गए।

'ये मजदूरों की हड़ताल है,' मैनेजर ने कहा और ओमप्रकाश को शॉप फ्लोर में काम करने से रोकने का प्रयास किया। 'डीलर तो समझ जाएँगे, लेकिन आप उन बच्चों को कैसे समझाएँगे, जिनके माता-पिता ने उनके जन्मदिनों पर पहली साइकिल देने का वादा किया होगा?' ओमप्रकाश अपने हाथ में स्प्रे की केन लिये बोले। 'जब कोई वचन दिया जाए, तो उसे पूरा करना ही चाहिए। मैं जितनी साइकिलें बना पाऊँगा, उतनी तो बनाऊँगा और लोगों से किए वादे को जितना संभव हो सकेगा, पूरा करने का वादा करूँगा। वचन तोड़ने के लिए कोई भी कारण पर्याप्त नहीं है।'

उन्होंने साइकिलें कसना जारी रखा। कुछ ही मिनटों में सारे कर्मचारी पीछे के दरवाजे से अपनी ड्यूटी पर लौट आए। सारे ऑर्डर पूरे किए गए। दिन खत्म होने तक माल तैयार था। कर्मचारी फैक्टरी में देर रात तक रुके रहे, क्योंकि वे नहीं

चाहते थे कि मजदूर संघ को उनका हड़ताल में शामिल न होने का पता चले और कोई तोड़फोड़ हो जाए। ओमप्रकाश भी रुके रहे और सबने एक साथ खाना खाया और फैक्टरी के फर्श पर सब साथ में सोए।

□

34

अनुशासन ही टिकाऊ सफलता की कुंजी है

आत्म-सम्मान, अनुशासन का नतीजा है; गरिमा का भाव किसी को न कहने की योग्यता से ही आता है।

—अब्राहम जोशुआ हेशेल

ओ.पी. मुंजाल को अनुशासन की नई परिभाषा कहा जा सकता है। उनका कार्य, उनकी जिंदगी और उनका आना या जाना सब एकदम निश्चित होता है। हर दिन वे सुबह 6 बजे उठते हैं, 7.30 पर सैर करने जाते हैं, 8.15 पर अखबार पढ़ते हैं, 8.45 पर नहाते हैं, 9.15 पर नाश्ता करते हैं, और 9.45 पर काम के लिए निकल पड़ते हैं।

एक बार सुबह ओमप्रकाश से मिलने कोई आया। उन्होंने उसके साथ चाय पी और 8.15 तक उसके साथ बातें करते रहे, इसके बाद उन्होंने उससे क्षमा माँग ली। अब मेरे अखबार पढ़ने का समय है, उन्होंने कह दिया।

ओ.पी. मुंजाल किसी का इंतजार नहीं करते।

हर चीज का समय होता है और कई बार जब वह पल निकल जाता है तो उस पल की अहमियत भी खत्म हो जाती है। और उनका संगठन उन्हीं के पदचिह्नों पर चलता है। जब कोई लीडर अनुशासन का पाबंद होता है, तो उसका समूचा संगठन उसके पीछे चलता है।

हीरो साइकिल्स में शीर्ष पर होने या लीडर होने के विशेषाधिकार का दुरुपयोग नहीं होता। विशेषाधिकार होने के बावजूद कोई लीडर क्या करता है, उससे उसके असली चरित्र का पता चलता है। ओ.पी. मुंजाल जिस तरह के अनुशासन का उदाहरण पेश करते हैं, उससे उनकी लीडरशिप की सच्ची खूबियों का पता चलता है।

नियंत्रण के लिए अनुशासन जरूरी है। जो लोग अपने काम और अपनी जिंदगी पर नियंत्रण नहीं रखते, वे अनुशासन की कमीवाले लोग होते हैं। साम्राज्य स्थापित करने के लिए समूचे संगठन पर नियंत्रण होना चाहिए। और अनुशासन ही किसी लीडर की वह सबसे बड़ी संपत्ति होती है जिसके बल पर उसे नियंत्रण पर महारत हासिल होती है।

□

35

सादा जीवन, उच्च विचार

सादगी में ही असली कृत्रिमता है।

—लियोनार्डो द विंची

'सादा जीवन, उच्च विचार' के दर्शन को ओ.पी. मुंजाल बहुत सुंदरता से व्यक्त करते हैं।

'छोटे बाऊजी चीजों की कम परवाह नहीं करते,' जी.डी. कपूर कहते हैं। 'वे एंबेसडर कार चलाते थे, बाद में हर किसी के हठ पर उसकी जगह नई कारें ली गईं। उन्हें अब भी एंबेसडर की याद आती है। उनका तर्क था कि उनकी एंबेसडर बहुत अच्छी चलती है और उन्हें किसी अन्य कार की जरूरत है ही नहीं। हालाँकि अब वे जगुआर कार चलाते हैं, लेकिन पुरानी एंबेसडर के साथ भी या तो वे ज्यादा खुश होते या कम-से-कम इतने खुश तो होते ही। वे अकसर शिकायत करते हैं कि जगुआर में उतने लोग नहीं बैठ पाते, जितने कि उनकी एंबेसडर में बैठ सकते थे।'

1991 ई. में ओमप्रकाश के कुछ डीलरों ने उन्हें घर को नया करने की सलाह दी—यह वही घर था, जिसमें वे और उनके भाई सालों पहले हर दिन सुबह वॉशबेसिन पर हीरो साइकिल्स के भविष्य की चर्चा किया करते थे। डीलरों ने कहा कि वह मकान अब उनकी प्रतिष्ठा के अनुकूल नहीं है; इतनी ज्यादा सफलता पा चुके व्यक्ति के लिए यह उचित नहीं है कि वह शुरू के दिनों के मकान में ही रहे। ऐसे में ओमप्रकाश ने उनकी सलाह मानी और मकान का फर्नीचर दोबारा व्यवस्थित किया और दीवारों पर पुताई लगवा दी।

दोपहर में खाने के समय उन्होंने सारे कामवालों को अपने साथ टेबल पर बैठा लिया। ओ.पी. मजदूरों का बहुत सम्मान करते हैं। वे हर उस व्यक्ति का

आदर करते हैं, जो दूसरों के जीवन को सँवारने के लिए समय और मेहनत खपाता है। आप क्या काम करते हैं, इससे कोई फर्क नहीं पड़ता—उनकी निगाहों में आप बराबर के भागीदार हैं।

पुताई होने के बाद डीलर उनके घर आए और वह सब देखकर काफी निराश हुए। 'आपने सिर्फ दीवारें पुतवाईं और फर्नीचर ही दोबारा व्यवस्थित किया,' उन्होंने ओमप्रकाश से नाराजगी में कहा। जब उन्होंने तर्क दिया कि घर पहले से ज्यादा साफ और उज्ज्वल लग रहा है तो डीलरों ने समझाया कि उन्हें किसी डिजाइनर को बुलाना चाहिए जो पूरी कोठी को फिर से डिजाइन कर सके, ताकि यह ज्यादा आधुनिक लगे और उनकी सफलता के मानकों के अनुकूल लगे।

कुछ सालों बाद अपने सहयोगियों के निरंतर आग्रह के बाद ओमप्रकाश ने एक डिजाइनर को बुलाया और फर्नीचर, परदे और कालीन बदलवाए। जब डीलर दोबारा आए तो वे फिर से निराश हुए। आखिरकार, उनकी बहू ने दखल दिया और मकान को फिर से सजाने का काम उन्होंने अपने हाथ में लिया।

ओमप्रकाश अपने सेलफोन तक का इस्तेमाल नहीं करते। उनके नाती-पोते उनके पास आते हैं, उनका फोन उठाते हैं और उसमें ढेर सारी मिस्ड कॉल तथा अनुत्तरित मैसेज देखकर हँसते हैं। एक बार उनके फोन पर एक ही दिन में सत्ताईस मिस्ड कॉलें थीं। जब उनके पोते अभिषेक ने उन्हें यह बताया तो वे चकित हो गए, 'अरे, इतनी ज्यादा मिस्ड कॉलें हैं!' इसके बाद वे मुसकराए। 'खैर, पूरा दिन मजे से बीता, इसलिए चिंता की कोई बात नहीं है।' उन्होंने कतई परवाह नहीं की। अगर किसी को उनसे बात करनी होती है तो वह उनके कार्यालय या घर पर आ सकता है। वे कहते हैं कि कॉल करने के अलावा, सेलफोन के सारे फंक्शन बेकार हैं। लगातार घंटी बजते या बीप की आवाज आते रहने से कोई कैसे अपने काम में ध्यान लगा सकता है, जबकि वे सब दूसरों के फॉरवर्ड किए चुटकुलों, टेली सेल्स और सोशल मीडिया के बारे में होती हैं। अनगिनत एप्स के बारे में तो कुछ कहने की ही जरूरत नहीं है, जिनमें पूरा ध्यान लगाने की जरूरत पड़ती है। अगर ओ.पी. मुंजाल सेलुलर टेक्नॉलॉजी की दुनिया में उतरते तो उनके डीलरों को स्टेशन से फैक्टरी तक का रास्ता तलाशना पड़ता, काम के घंटे दैनिक आधार पर निर्भर करते, उनका तनाव बढ़ता और माथे की रेखाएँ गहरी हो जातीं और कई गुना ज्यादा बढ़ गई होतीं और वे अब से कहीं ज्यादा बूढ़े दिखने लगते।

उन्होंने कभी कोई ई-मेल नहीं भेजा। वे कॉन्फ्रेंस कॉल में विश्वास नहीं करते। वे निजी रूप से मिलने और मसले निपटाने में यकीन करते हैं और आपको

आस-पास लटकाए रखना उनका शौक नहीं है। वे निर्णय लेते हैं और बढ़ जाते हैं, कॉन्फ्रेंस कॉल्स की कोई जरूरत ही नहीं पड़ती।

एक दिन एक नया मैनेजर अपना लैपटॉप लेकर ओमप्रकाश के पास आया। उसने एक प्रोजेक्ट की विस्तृत प्रजेंटेशन तैयार की थी। ओमप्रकाश ने उससे लैपटॉप बंद करने और प्रोजेक्ट के बारे में समझाने को कहा। तीस मिनट में ओमप्रकाश प्रोजेक्ट के बारे में समझ गए। संबंधित लोगों को बुलाया गया, एसाइनमेंट तैयार किए गए और जरूरी बजट स्वीकृत कर दिया गया।

ओ.पी. मुंजाल प्रौद्योगिकी का इस्तेमाल करते हैं। जिन लोगों को प्रौद्योगिकी का इस्तेमाल करने की जरूरत है, उन्हें इसका इस्तेमाल करना ही चाहिए। अगर वह उनके काम का अभिन्न हिस्सा है, उनकी कार्यदक्षता बढ़ाती है और उनका समय बचाती है तो वह काम की चीज है। हालाँकि, अगर प्रौद्योगिकी उत्पादन में बाधा बनती है, मेलबॉक्स सी.सी.एस. और बी.सी.सी.एस. फुल रहता है तो उसमें काम का समय बरबाद हो रहा होता है। अगर प्रजेंटेशन तैयार करने में कई सप्ताह खर्च होते हैं और उसी समय में काम ही पूरा हो जाता है तो ऐसी प्रौद्योगिकी अच्छे काम की दुश्मन ही साबित होती है। अगर सोशल मीडिया और फालतू के मैसेज से ध्यान भंग होता है तो प्रौद्योगिकी विनाशकारी ही है, जिससे नतीजे पर बुरा असर पड़ता है। अगर काम के घंटे लंबे हो रहे हैं और ध्यान लगाने का समय कम होता जा रहा है, तो प्रौद्योगिकी काम की चीज नहीं है, बल्कि अभिशाप है।

□

36

समापन सुखद हो

हमारे जीवन का उद्देश्य खुश रहना है।

—दलाई लामा

मुंजाल बंधुओं का परिवार बढ़कर अड़सठ लोगों का हो गया है। स्वाभाविक रूप से इनमें से कई होरी ग्रुप ऑफ कंपनीज में काम करते हैं। 2007 ई. में ओमप्रकाश, बृजमोहन लाल और सत्यानंद ने पारिवारिक व्यवसाय को बाँटने का निश्चय किया ताकि आनेवाली पीढ़ियों के बीच किसी तरह का विवाद न हो।

बँटवारा और अलग होना बहुत चालबाजी का काम होता है, लेकिन ओ.पी. मुंजाल ने अलग रवैया अपनाया।

'मैं बँटवारे की बात अपने भाइयों से अकेले में करूँगा,' उन्होंने अपने बेटे से कहा। 'हमने इस साम्राज्य को खड़ा किया और हम ही इसका बँटवारा करेंगे।' किसी और को या किसी बच्चे को या किसी व्यापारिक सहयोगी को अपनी राय देने की अनुमति नहीं थी और सबने इस बात का आदर किया। आखिरकार, यही बात सही भी थी कि जिसने पूरे साम्राज्य की रचना की, उसके बँटवारे का काम भी उसे ही करना चाहिए। इस प्रकार, सारे भाई बंद कमरे में अपने एकाउंटेंट और वकील को लेकर बैठ गए।

'मुझे हीरो साइकिल्स दे दी जाए,' ओ.पी. मुंजाल ने अपने भाइयों से कहा। 'बाकी सब आप लोग रख लें।'

हीरो साइकिल्स ओमप्रकाश की जिंदगी है। वे सत्तरह अन्य हीरो कंपनियों के संचालक मंडल में हैं, लेकिन उनका दिल हीरो साइकिल्स, उसके डीलरों और व्यापारिक सहयोगियों में ही बसता है। उन्होंने हीरो साइकिल्स ले ली। वे वही लेना चाहते थे, जिसे वे प्यार करते थे और प्यार करते रहना चाहते थे। हीरो

साम्राज्य का बँटवारा इतनी आसानी से और इतने सौहार्दपूर्ण ढंग से हुआ कि परिवार के किसी सदस्य ने यह नहीं कहा कि उसे उसका उचित हिस्सा नहीं मिला। हालाँकि वे सब अन्य पारिवारिक सदस्यों के बीच बँटे थे, लेकिन हीरो ग्रुप की सत्तरह कंपनियाँ एक साथ गुँथी थीं। लुधियाना शहर में हीरो ग्रुप के बँटवारे को पारिवारिक व्यवसाय के बँटवारे के लिए मिसाल के रूप में लिया जाता है, जिसमें आदर और न्याय दोनों का संगम रहा।

हीरो के विरुद्ध कभी कोई मुकदमा नहीं रहा। कभी उसे कोर्ट से कोई आदेश नहीं मिला। जब किसी संगठन के लीडर ही न्याय, अनुशासन और सम्मान के संरक्षक हों, तो उसमें दिव्यता ही वास करेगी और लोगों तथा उनके व्यापार पर अपनी कृपा बरसाएगी।

□

37

समस्याओं में भी मुसकराते रहें

प्रसन्नता पहले से बनी-बनाई नहीं आती।
यह तो आपके अपने कार्यों से पैदा होती है।

—दलाई लामा

ओ. पी. मुंजाल जैसा बड़ा व्यक्ति निराशा से किस तरह निपटता है? 'कोई परेशान क्यों होता है?' वे कहते हैं। 'परेशान महसूस करने का मतलब है कि आप असहाय और नियंत्रण से बाहर महसूस कर रहे हैं। हालाँकि, अगर तब भी स्थिति के बारे में कुछ कर सकते हैं, अगर आप समस्या हल कर सकते हैं, तो आप कभी परेशान नहीं हो सकते। ऐसा नहीं कि मेरी जिंदगी में कुछ गड़बड़ हुआ ही नहीं। गड़बड़ियाँ होती हैं। गलतियाँ होती हैं। चूकें होती हैं, लेकिन उनका समाधान निकाला जा सकता है। और जब कोई ऐसा कर लेता है, तो उसे अच्छा महसूस होता है। आदमी परेशानी तभी महसूस करता है, जब वह हार जाता है, जब वह हाथ खड़े कर लेता है और हार स्वीकार कर लेता है। चुनौती पर विजय पाने के बाद तो अच्छा महसूस करने का अवसर मिलता है। परेशान होने का उद्‌देश्य क्या है? समस्या हल करो और प्रसन्नता आपके गले से लग जाएगी।

'जब मैं घर लौटता हूँ, तो इसका मतलब होता है कि सारे निपटानेवाले काम निपट चुके हैं, सारी दिक्कतों का समाधान हो चुका है। इसका मतलब होता है कि सारी गलतियाँ सुधारी जा चुकी हैं और सारी चिंताएँ दूर हो चुकी हैं। फिर मुझे परेशान होने की क्या जरूरत है?

'एक बार हमारा माल भेजे जाने के लिए तैयार था और ट्रक ड्राइवरों की हड़ताल हो गई। हमारे पचास ट्रक साइकिलों से भरे खड़े थे, लेकिन हड़ताल के कारण जा नहीं पा रहे थे। मेरा मैनेजर गहरी चिंता में डूबा मेरे पास आया। ''हम

क्या करें, छोटे बाऊजी? निर्यात के माल में देरी नहीं की जा सकती,'' उसने कहा। मैंने उससे कहा, ''ट्रकों की हड़ताल है, लेकिन बसें तो चल रही हैं न? साइकिलों को बसों में लाद दो।'' उस दिन पूरा माल बसों से भेजा गया और बिना किसी बाधा के या बिना किसी देरी के अपनी मंजिल पर पहुँच गया।

'जब समस्याएँ उभरती हैं, तो ईमानदार और सही रहना चाहिए। बाँहें चढ़ाकर स्वयं की सहायता के लिए तैयार हो जाना चाहिए। समाधान तलाशने और जीवन को फिर से नियंत्रण में लेने का संकल्प होना चाहिए। परेशान होना कोई समाधान नहीं है, बल्कि यह तो आत्मविनाश और आगे के किसी समाधान के विनाश की गारंटी है। परेशान लोग अच्छे समस्या-समाधानकारक नहीं होते। वे भविष्य के लिए समस्याएँ बढ़ाते ही हैं।'

□

38

डीलरों के हीरो

मुश्किल वक्त में हीरो तैयार नहीं होते। मुश्किल वक्त में हमारे अंदर का हीरो प्रकट होता है।

—बॉब रिले

ओ. पी. मुंजाल डीलरों के हीरो हैं। उन्होंने अपनी जिंदगी लगाकर उनकी सेवा की है। कुछ उदाहरण यहाँ दिए जा रहे हैं—

'1990 के दशक में जब साइकिलों की बिक्री घट रही थी, तब हीरो के साथ हम फल-फूल रहे थे,' रामसरण अग्रवाल याद करते हुए बताते हैं। 'हमारा एक डीलर मेरी दुकान पर आया। वह बहुत दुखी था। उसने कहा कि उसे लगता है कि साइकिल उद्योग का भविष्य बहुत बुरा है। वह कारोबार बदलने पर विचार कर रहा था। मैं चकित हुआ, क्योंकि हमारा कारोबार बहुत अच्छा चल रहा था। जब मैंने उसे अपनी तरक्की और आगे की सोच के बारे में बताया, तो वह बोला, ''देखिए, आप साइकिल उद्योग में काम नहीं करते, इसलिए यहाँ कुछ भी हो, आपको फर्क नहीं पड़ता। आप हीरो के लिए काम करते हैं, और हीरो तो अपने आप में एक उद्योग है। साइकिल उद्योग का चाहे कुछ भी हो, हीरो साइकिल्स तो अपना भाग्य खुद बनाती है।'''

'एक दिन मुझे हीरो साइकिल्स से एक चेक मिला,' किसी ने लुधियाना में कंपनी की कॉन्फ्रेंस में स्वर्गीय बुलचंद थडानी को कहते सुना था। पत्र में लिखा था, ''बोनस भुगतान।'' अब मैं समझ नहीं पाया कि कंपनी से किसी डीलर के पास बोनस भुगतान कैसे आ गया। कंपनी हमें बोनस क्यों देने लगी? हम हीरो साइकिल्स के प्रबंधक या कर्मचारी नहीं हैं। मैंने छोटे बाऊजी को फोन किया और उनसे पूछा कि ये बोनस का चेक कैसे भेजा गया है। छोटे बाऊज़ी ने समझाया कि

उन्होंने माल निर्यात किया था। हीरो साइकिलों और मोटर पार्ट्स का दुनिया भर में निर्यात भी करती है। डॉलर के भाव में भारी उतार-चढ़ाव हुआ था और इसके कारण उन्हें हर डॉलर पर दस रुपए का भुगतान ज्यादा हुआ था। इस पर कंपनी ने तय किया था कि इस अतिरिक्त भुगतान का धन हीरो साइकिल्स के तीनों भागीदारों को बाँटा जाए : प्रबंधन, कर्मचारी और डीलर। इस प्रकार वह अतिरिक्त धन हम सबके बीच बराबर बाँट दिया गया और हमें एक बोनस चेक मिल गया। लॉटरी जीतने पर अधिकतर लोग, खासकर परिवार के स्वामित्ववाले व्यवसायों में, स्पोर्ट्स कार खरीदते हैं, पहले से मौजूद संपत्तियों में एक विला और शामिल कर लेते हैं, आरामदायक छुट्टियों पर चले जाते हैं, हीरे खरीदते हैं या कुछ भी मन का करते हैं। हालाँकि सबकी भलाई के बारे में सोचना और वित्तीय मुनाफा सबके बीच बाँटना व्यवसाय को एक और स्तर तक ले जाना है।'

'कानपुर का एक डीलर छोटे बाऊजी की फोटो अपनी दुकान में लगाए है,' हीरो के सबसे पुराने डीलरों में से एक बलदेव राज बताते हैं। एक दिन एक और डीलर उसकी दुकान पर आया और उसकी निगाह दीवार पर लगी ओ.पी. मुंजाल की फोटो पर पड़ी। उसने पूछा, "क्या ये तुम्हारे पिता हैं?" डीलर ने कहा, "नहीं।" उसने फिर पूछा, "बड़े भाई हैं?" डीलर ने फिर से इनकार किया। तब फिर उसने पूछा, "तो कौन हैं ये?" डीलर ने बताया कि वे हीरो साइकिल्स के मालिक हैं, जिनकी डीलरशिप वह लिये है। उस व्यक्ति ने फिर पूछा, "तुमने उनकी फोटो वहाँ क्यों लगाई है, वहाँ तो परिवार के बड़ों की फोटो लगाई जाती है? यह सज्जन तुम्हारे लिए इतने ज्यादा अहम हैं क्या?" हीरो डीलर ने उससे कहा, "क्या तुम्हें पता है कि जिस कंपनी की साइकिलों को तुम खरीदते हो, उसका मालिक कहाँ रहता है?" डीलर ने जवाब दिया, "नहीं।" उसने फिर पूछा, "उसका घर कहाँ हैं, ये पता है?" उसने जवाब दिया, "नहीं।" डीलर ने पूछा, "क्या तुमने कभी उसके घर खाना खाया? क्या कभी उसके घर ठहरे? क्या वह कभी तुम्हारी बेटी की शादी में आया? कभी तुम्हारे पिता की बीमारी की खबर सुनकर उसने तुम्हें पैसे भिजवाए? जब तुम्हारे भाई तुम्हें मिटाना चाहते थे, तो क्या उसने तुम्हारी कंपनी को बचाया?" डीलर स्तब्ध था। उसने ओ.पी. की फोटो की ओर बड़े आदर से देखा और बोला, "इस व्यक्ति ने तुम्हारे लिए इतना कुछ किया?" उसी दिन, उस डीलर ने ओ.पी. मुंजाल को पत्र लिखा और उनसे हीरो की डीलरशिप माँग ली।

'छोटे बाऊजी को उद्योग के झगड़े सुलझाने के लिए बुलाया जाता है। अगर

डीलरों को अपने परिवारों में, कारोबार में या किसी अन्य तरह की कोई दिक्कत है, तो छोटे बाऊजी को याद किया जाता है। अगर बाकी प्रतिस्पर्धियों को उनके डीलरों से दिक्कत है तो छोटे बाऊजी ही मामले सुलझाते हैं। उनका इतना आदर है कि जब वे कोई समाधान पेश करते हैं तो हर कोई उसे स्वीकार कर लेता है।'

वे निष्पक्ष और सही फैसलों के लिए जाने जाते हैं। उनके निर्णयों का आदर होता है।

'मैं छोटे बाऊजी के साथ चालीस साल से ज्यादा से काम कर रहा हूँ', सेल्स का काम सँभालनेवाले जंगबहादुर ने बताया। 'उन्होंने कभी मेरा या मेरे बेटे का परिचय अपने डीलर के रूप में नहीं कराया। वे हमेशा कहते हैं, ''यह मेरा छोटा भाई है'' या ''यह मेरा बेटा है।'' हमारा परिचय हमेशा परिवार के रूप में दिया जाता है। हमारे साथ परिवार की तरह व्यवहार किया जाता है।'

'मेरा सौभाग्य रहा कि मेरी मुलाकात छोटे बाऊजी से तभी हो गई थी, जब वे शुरुआत कर रहे थे,' बलदेव राज बताते हैं। 'भगतजी नाम के एक सज्जन उनके सबसे शुरुआती कर्मचारियों में से थे। वे हीरो साइकिल्स के मुंशी और खजाँची थे। मैंने उन्हें हमेशा सफेद कुरता-पायजामा पहने देखा। वे अपनी जेब में हमेशा दो पेन रखने के लिए मशहूर थे। एक दिन मैंने उनसे दो पेन रखने का कारण पूछा। और भगतजी ने बताया, ''यह पेन कंपनी का है और यह दूसरावाला मेरा अपना है। मैं कंपनी के काम में कंपनी का पेन इस्तेमाल करता हूँ और निजी काम के लिए अपना।'' मैं आपको बता दूँ कि इस तरह का अनुशासन ओ.पी. मुंजाल ने नहीं लादा था। हालाँकि, जब वे खुद अपने निजी खर्चों को कंपनी के खर्चों में शामिल न करने की मिसाल पेश करते हैं तो बाकी लोग भी उनका अनुसरण करते हैं। एक डीलर के बेटे को छोटे बाऊजी के साथ काम करने का मौका मिला और वह बताता है कि वे कंपनी के पैसे से कभी चाय तक नहीं पीते। कंपनी का एक रुपया तक वह नहीं लेते।'

□

39

कार्य ही पूजा है

कार्य में प्यार मिश्रित होता है। और अगर तुम प्यार से काम नहीं कर सकते, बल्कि सिर्फ अरुचि से ही करते हो तो बेहतर है कि तुम काम छोड़ दो और किसी मंदिर के द्वार पर बैठ जाओ और उनसे भीख माँगो जो खुशी-खुशी काम करते हैं।

—खलील जिब्रान

ओ.पी. मुंजाल छियासी साल के हैं। अस्पताल में भरती रहने के अलावा, उन्होंने काम से कभी एक दिन की भी छुट्टी नहीं ली। जब वे बीमार होते हैं, तब भी काम पर जाते हैं। 'मेरा काम ही मुझे बेहतर अहसास कराता है,' वे कहते हैं। फैक्टरी के इनहाउस डॉक्टर डॉ. बावा हर दिन सुबह उनके पास आते हैं और उन्हें निरोग रहने में मदद करते हैं। ओ.पी. मुंजाल बीमार होने का इंतजार नहीं करते। वे अपनी सेहत पर नजर रखते हैं और अपने तन की देख-रेख किसी मशीन की तरह करते हैं। अगर कुछ गड़बड़ होता है, तो वे उसे ठीक करते हैं और काम पर चल देते हैं। एक बार, वे जाँच के लिए गए और डॉक्टर ने उन्हें बताया कि उनके गुर्दे में दिक्कत है, जिसके लिए ऑपरेशन करना पड़ेगा। उन्होंने तुरंत ही निर्णय किया और कुछ ही दिनों बाद की तारीख ऑपरेशन के लिए तय कर दी। 'गुर्दों को जितनी जल्दी हो सके, ठीक कर दो,' उन्होंने डॉक्टर से कहा। उनके बच्चे इस निर्णय से चकित रह गए। उन्होंने उन्हें समझाने की कोशिश की कि किसी और डॉक्टर को दिखाते हैं। दिल्ली में कुछ और डॉक्टरों की राय लेने के बाद यह बात सामने आई कि उन्हें सचमुच किसी ऑपरेशन की जरूरत नहीं है।

जब ओमप्रकाश पचासी साल के हुए तो उन्हें लगातार थकान की शिकायत

होने लगी। पंकज उन्हें अस्पताल ले गए। ओमप्रकाश ने डॉक्टर को बताया वे एकाग्र नहीं हो पा रहे हैं और अकसर थके रहते हैं। उन्होंने बताया कि वे पूरी तरह से काम नहीं कर पा रहे हैं। आधे घंटे बात करने के बाद डॉक्टर ने उनके रोग की पहचान कर ली और कहा, 'आप बहुत मेहनत कर रहे हैं छोटे बाऊजी। आपको आराम करना चाहिए।'

छियासी साल की उम्र में किसी से काम करने की अपेक्षा नहीं की जा सकती। वे क्यों अब तक अच्छी तरह से चल-फिर रहे हैं? वे हर दिन काम पर कैसे पहुँच जाते हैं?

'मेरा उद्‌देश्य मुझसे बड़ा है,' जब उनके नाती-पोते उन्हें ज्यादा मेहनत करने पर डाँटते हैं, तो वे अकसर यही कहते हैं।

वे उन्हें प्यार से समझाने की कोशिश करते हैं कि कार्य ही पूजा है। जब आप अपने उद्‌देश्य को अपने से विशाल बना लेते हैं, तो आप हर समय लगे रहते हैं, हर-एक पल लगे रहते हैं। मेरा उद्‌देश्य अपने कार्य के परिणामस्वरूप लोगों को प्रसन्न करना है। जब मैं एक साइकिल बनाता हूँ तो वह किस लड़की को स्कूल में अच्छे नंबर लाने पर इनाम में दी जाती है। मैं उस आदमी के लिए साइकिल बनाता हूँ जो हर दिन काम पर साइकिल से ही जाता है। मैं उन युवाओं के लिए बनाता हूँ जो साइकिल रेस करते हैं और बाइक का मजा साइकिल से ही लेते हैं। मैं उन चेहरों की कल्पना करता हूँ जो पहली बार अपनी साइकिलें देख रहे होते हैं। वे उसके मालिक होते हैं—वे आने वाले कई सालों तक उसके साथी बने रहते हैं। मैं ऐसी साइकिल बना रहा हूँ जो उस साथ को कायम रखती है। मैं यहाँ हर दिन बिना नागा के आता हूँ और सुनिश्चित करता हूँ कि मेरे उत्पाद उस साथ को कायम रखने में किसी भी तरह से अक्षम न रहें।

'जब हमने हीरो साइकिल्स की स्थापना की, जब मैं शहर-दर-शहर जाकर साइकिलें और डीलरशिप बेचता था, मैं यह कभी नहीं सोचता था कि एक दिन मुझे यह काम न करना पड़े। मैंने यह परिवार इसलिए नहीं बनाया कि कभी मुझे इसे छोड़ना पड़ेगा। मैं किशोरावस्था के अपने आनंद को इसलिए नहीं छोड़ा, क्योंकि मैं बूढ़ा होने पर भी उस आनंद को महसूस करना चाहता था। मैंने हीरो साइकिल्स को इसलिए बनाया, क्योंकि मैं किसी उद्‌देश्य के लिए जीना चाहता था—मैं लोगों के लिए जीना चाहता था। मैं जीता हूँ, क्योंकि मेरे पास हर दिन जाकर कुछ काम करने के लिए होता है। मैं वापस आता हूँ, क्योंकि हर दिन कुछ बना चुकने के बाद वापस आ सकता हूँ। हीरो साइकिल्स मेरा घर है। मैं और कहाँ जाऊँगा?'

आप ओ.पी. मुंजाल की जिंदगी ले सकते हैं, लेकिन उनके जुनून, हीरो साइकिल्स और उन हजारों डीलरों को नहीं छीन सकते, जिन्होंने इसे अपना मकसद बनाया है और उसे अपने से कहीं ज्यादा आगे बढ़ा दिया है। ओ.पी. मुंजाल अपने नाती-पोतों को सिखाने में काफी समय लगाते हैं। वे सुनिश्चित करते हैं कि वे उनके बनाए सामान की कीमत समझें और वह भी सिर्फ वित्तीय रूप से नहीं, बल्कि उत्तरदायित्व, जुनून और सरोकार के गहरे स्तर तक समझें।

□

मुंजाल परिवार को धन्यवाद

मैंने मुंजाल परिवार और छोटे बाऊजी के साथ उनकी बातें सुनते हुए और अपने विचारों को संकलित करते हुए बहुत सारा समय बिताया। एक लेखिका की उत्सुकता से शुरू होकर यह एक पूर्ण विकसित उद्देश्य बन गया। इस सहयोग के लिए मैं पंकज मुंजाल और प्रियंका मल्होत्रा का आभारी हूँ। मैंने ओ.पी. मुंजाल के बारे में सुना था और कुछ कौतूहल में पड़ गई थी। मैं खुद देखना चाहती थी कि क्या उस तरह का इनसान सचमुच मौजूद है और अगर है, तो उसके बारे में दुनिया को बताना बहुत प्रसन्नता की बात होगी। उनके हीरो, ओ.पी. मुंजाल के बारे में लिखने की अनुमति लेने के लिए उनके परिवार को समझाने में ज्यादा मेहनत नहीं करनी पड़ी।

पहले मिनट से ही मैं उनके परिवार में इस तरह समाहित हो गई, जैसे मैं सचमुच ही उनके परिवार का हिस्सा हूँ। जिस तरह से पंकज मुंजाल की पत्नी चारू मुंजाल और उनके दोनों बच्चों—आदित्य और अभिषेक समेत पूरे परिवार ने मेरा स्वागत किया, मैं उनके प्रति आभार व्यक्त किए बिना लेखन शुरू नहीं कर सकती। 'मेरे ससुर ईश्वरीय वरदान हैं। वे मेरी प्रेरणा हैं; कोई भी निर्णय लेते समय इसी उलझन में पड़ जाती हूँ कि उस पर पापा की क्या प्रतिक्रिया होगी,' चारू बड़े शौक से बताती हैं। लाइफस्टायल स्टोर ओमा की मालिक चारू समय निकालकर यह सुनिश्चित करती रहीं कि मेरा लेखन कार्य सही तरह से चल रहा है और मेरी देखभाल करती रहीं।

मैं वह समय कभी नहीं भूल सकती जब मैं आदित्य मुंजाल से पहली बार मिली थी, जिन्होंने अपने दादा के बारे में मेरे लेखन को लेकर अपने विचार व्यक्त किए। 'मुझे पता नहीं कि आप मेरे दादाजी के चरित्र को उस रूप से समझ पाई हैं

या नहीं कि उसे सही रूप से चित्रित कर सकें। एक किताब से वह संभव नहीं है,' उन्होंने कहा था। 'उनका व्यक्तित्व इतना विशाल है कि वह शब्दों में नहीं समा सकता। उनके बारे में बताने के लिए शब्द कम पड़ जाते हैं। उनके बारे में जानने के लिए एक जिंदगी कम है। उनकी विशालता समझने के लिए व्यक्ति के पास पाँच दिल होने चाहिए। सैकड़ों साल की आध्यात्मिक बुनियाद चाहिए उनके किए को समझने के लिए कि उन्होंने क्या किया, क्यों किया और उनकी सेवा के पीछे क्या उद्देश्य रहता है।'

हालाँकि अंततः वे भी मान गए। 'मैंने आज अपने दादाजी को काम करते देखा और पाया कि कोई उन्हें गलत नहीं समझ सकता, कोई उन्हें गलत तरीके से प्रस्तुत नहीं कर सकता, कोई उन्हें छोटा नहीं बना सकता,' उन्होंने कहा था। 'वे बहुत ही सादगी भरे हैं, बहुत विनम्र हैं, स्थिरचित्त हैं, ईमानदार हैं और जुनूनी हैं कि लोग उनके इन गुणों को बिना बताए ही समझ जाते हैं। मैं आपको शुभकामनाएँ देता हूँ और कामना करता हूँ कि आपके पास वह विनम्रता हो जो आपको मेरे दादाजी के बारे में किताब लिखने के सफर के लिए जरूरी है।'

आदित्य ने जो भरोसा मुझ पर किया, उसके लिए मैं उनकी आभारी हूँ।

मुंजाल परिवार के साथ महीनों बिताने पर उनके साथ मेरी मित्रता से भी आगे बढ़ गई, और उनके साथ एक आत्मिक लगाव बन गया, जो अनंत काल तक चलेगा। मुझे खुशी है कि मुझे ऐसा परिवार मिला; मुझे खुशी है कि मैं ओ.पी. मुंजाल से मिल सकी। उनके साथ जो संबंध मैं महसूस करती हूँ, उसके जरिए मैं जानती हूँ कि अगले जन्म में मैं कहीं भी रहूँ, मैं उनसे दोबारा जरूर मिलना चाहूँगी। हो सकता है, मैं फिर से किसी हवाई जहाज, ट्रेन या बस में किसी यात्री से मिलूँ, जो कहे, 'अरे, क्या तुम उस कमाल के इनसान मिस्टर फलाँ को जानती हो? तुम्हें उससे मिलना चाहिए।' और, मैं जानती हूँ कि मुझे संकेत मिल जाएगा और मैं फिर से उनसे मिलने दौड़ पड़ूँगी।

□

पुरस्कार और सम्मान

हीरो साइकिल्स

- 1968-69 का उत्कृष्ट योग्यता प्रदर्शन प्रमाण पत्र, केंद्रीय वाणिज्य उपमंत्री ए.सी. जॉर्ज द्वारा प्रदत्त।
- वर्ष 1971-72 के लिए राष्ट्रीय पुरस्कार, केंद्रीय वाणिज्य उपमंत्री ए.सी. जॉर्ज द्वारा प्रदत्त।
- 1973-74 का निर्यात पुरस्कार, केंद्रीय वाणिज्य मंत्री डी.पी. चट्टोपाध्याय द्वारा प्रदत्त।
- 1975-76 का उत्कृष्ट निर्यात के लिए निर्यात पुरस्कार प्रमाण पत्र, पंजाब के उद्योग मंत्री बलरामजी दास टंडन द्वारा प्रदत्त।
- 1975-76 का राष्ट्रीय उत्कृष्ट निर्यात प्रदर्शन पुरस्कार, भारत के कार्यकारी राष्ट्रपति बी.डी. जत्ती द्वारा जुलाई 1977 में प्रदत्त।
- 1976-77 का पंजाब सरकार का निर्यात पुरस्कार, पंजाब के उद्योग मंत्री मोहन धारिया द्वारा प्रदत्त।
- 1977-78 में वर्ष के सर्वश्रेष्ठ एक्सपोर्ट हाउस का पुरस्कार, अभियांत्रिकीय निर्यात प्रोत्साहन परिषद् द्वारा पुरस्कृत; प्रबंध निदेशक, वित्त मंत्रालय, भारत सरकार, हीरेंद्र देसाई द्वारा प्रदत्त।
- 1978-79 का उत्कृष्ट निर्यात प्रदर्शन योग्यता प्रमाण पत्र, भारत के राष्ट्रपति नीलम संजीव रेड्डी द्वारा 30 मार्च, 1981 को प्रदत्त।
- 1986 में हीरो साइकिल्स का नाम विश्व के सबसे बड़े साइकिल उत्पादक के रूप में गिनीज बुक ऑफ वर्ल्ड रिकॉर्ड्स में दर्ज किया गया।

ओमप्रकाश मुंजाल

- इंदिरा गांधी राष्ट्रीय एकता पुरस्कार, 1990; भारत के राष्ट्रपति ज्ञानी जैल सिंह द्वारा प्रदत्त।
- साहिर पुरस्कार, साहित्य के क्षेत्र में योगदान के लिए मार्च 1994 में पंजाब सरकार द्वारा प्रदत्त।
- शिरोमणि लिखारी बोर्ड, पंजाब का साहित्य सम्मान, सरदार महिंदर सिंह कल्याण द्वारा मार्च 1994 में प्रदत्त।
- सृजन सम्मान—2000-01 के वर्ष के सर्वश्रेष्ठ व्यवसायी और संगबद प्रतिदिन के हॉल ऑफ फेम, मशहूर फिल्म अभिनेत्री मुनमुन सेन द्वारा 4 अगस्त, 2001 को प्रदत्त।
- अर्न्स्ट एंड यंग इंटरप्रेन्योर ऑफ द इयर, इंडिया 2001 अवॉर्ड; केंद्रीय सूचना एवं प्रसारण मंत्री सुषमा स्वराज और अर्न्स्ट एंड यंग अवॉर्ड्स जूरी के चेयरमैन राहुल बजाज द्वारा 27 सितंबर, 2001 को प्रदत्त।
- एमिटी इंटरनेशनल बिजनेस स्कूल, नोएडा द्वारा उद्योग जगत् में विशिष्ट योगदान के लिए एमिटी लाइफटाइम अचीवमेंट अवॉर्ड; अंतरराष्ट्रीय व्यापार सम्मेलन के दौरान 27 फरवरी, 2009 को कुलपति मेजर जनरल के.जे. सिंह और संस्थापक अध्यक्ष अशोक चव्हाण द्वारा प्रदत्त।
- पंजाब के औद्योगिक विकास में विशिष्ट योगदान के लिए उद्योग रत्न पुरस्कार; पंजाब के मुख्यमंत्री कैप्टन अमरिंदर सिंह द्वारा प्रदत्त।
- उद्योग पत्र पुरस्कार, व्यापार एवं औद्योगिक विकास संस्थान की ओर से केंद्रीय श्रम और रोजगार मंत्री सत्यनारायण जटिया द्वारा प्रदत्त।
- व्यापार के क्षेत्र में विशिष्ट योगदान के लिए पंजाब रत्न पुरस्कार; पंजाब के राज्यपाल महामहिम लेफ्टीनेंट जनरल जे.एफ.आर. जैकब, परम विशिष्ट सेवा मेडल द्वारा प्रदत्त।
- लुधियाना के महान् सपूत पुरस्कार, पंजाब के पूर्व वित्तमंत्री डॉ. केवल कृष्ण द्वारा प्रदत्त।
- उद्योग में विशिष्ट योगदान के लिए अनहद सम्मान, पंजाब के मुख्यमंत्री प्रकाश सिंह बादल द्वारा 2012 में प्रदत्त।

□□□